すべてを手に入れる
最強の惹き寄せ
「パワーハウス」の法則

Using your Powerhouse

もはや、「見る」だけで叶う！

Nami Yoshikawa
佳川奈未

青春出版社

すべての奇跡は、
あなたの部屋の中で起こる……

告白すべき「まえがき」

あなたの中には、なんでも叶える「魔法の館」がある！

――その、神秘的、かつ、リアルな現実と直結する力を、いますぐ使う

この本には、あなたの願いや夢を叶え、ほしいものすべてを手に入れられる、「最強の力」であり、「効果的な方法」であり、「超シンプル」な、究極の方法が書かれています。

その、**究極の方法は、究極なだけに、一度でも活用したなら、たちまち効き目が現れてしまいます♪**

そして、何を隠そう！　その究極の方法を自由にあやつり、「最強の力」を発揮させる秘密の鍵は、あなたが握っているのです！

あなたの中には、あなたが意識することのできる「顕在意識」（表面意識）があり、それよりもっと深いところには「潜在意識」（無意識）の領域というものがあります。

その「潜在意識」（無意識）の領域は、日頃、あなたが思考やイメージや感情を通してエネルギーを送ったものを、なんでも受け取る性質があります！

また、受け取ったものは、すべて「オーダーされたもの」として扱い、オートマチックに具現化するというすごい力があるのです！

あなたが良いものを送れば良いものが、ほしいもの、叶えたいこと、なりたい状態を送れば、まさに、それが叶うわけです！　数々のシンクロニシティやフローさえも、おもしろおかしく、ともなって♪

そこは、まさに、「惹き寄せの起こる」おおもとの場所!!

その、**不思議なパワーに満ちた「潜在意識の領域」のことを、世界中の成功者たちは「パワーハウス」と呼び、みかたにつけています！**

そう、あらゆる願望実現や自己実現、幸せな人生のために活用しているわけです！

「パワーハウス」は、まさに、なんでも叶える〝魔法の館〟！

その中に立ち入ることができるのは、もちろん、あなたのみであり、他の人は立ち入ることはできず、それゆえ、そこで働く魔法の力を誰も邪魔することはできません！

この「パワーハウス」の最強の力を使って、すべてを手に入れる方法をマスターしたなら、いやでも、あなたの人生は思い通りになっていきます！

その方法をお伝えすべく本書は誕生したわけですが、それは、これまでのどんな願望実現本と比べても、超シンプルで、ある意味、おふざけの過ぎるものかもしれません。

しかし!! **超シンプルで、おふざけの過ぎるお遊びのようなものだからこそ、効き目もすごく、うれしく、楽しく、ありがたいわけです♪**

ちなみに、魔法は、難しいことをし、高度なことをするから、強力になるのではなく、あなたがよりやわらかく、ゆるむからこそ、強力になるのです！

きっと、あなたも、魔法の館「パワーハウス」の、その働きと素晴らしさに驚き、深く酔いしれ、大きく魅了されることでしょう！

そうして、気づいてみたら、ほしいもの、叶えたいこと、なりたい姿を、すべて手に入れ、ほほえんでいることでしょう！

「パワーハウスさん、こんなにかんたんに叶えてくれて、ありがとう！」と、お礼を言って♪

2018年　10月

ミラクルハッピー　佳川　奈未

★☆スペシャル・コンテンツ☆★

あなたの中の 魔法の館＝「パワーハウス」の特徴

…うれしすぎる効果を出すために、必ず最初にお読みください…

回覧板☆

ようこそ、魔法の館☆「パワーハウス」へ！

読んでいただき、納得いただけましたら、
心に「認印」を押し、
大切な同居者さまや、ご近所さまに、回覧してください。
なお、「パワーハウス」は、汚れを嫌いますので、
いつも、そうじし、きれいにしておきましょう。

魔法の館☆「パワーハウス」管理人より

◎あなたの中のなんでも叶える魔法の館「パワーハウス」の「鍵」の持ち主はあなたであり、あなたしか鍵を開けることができません。

「鍵」の暗証番号は、「シ・ン・ジ・ル」です。この4文字を心の中でプッシュしてください。なお、スペアキーのご用意はございませんので、心の中にあるその「鍵」を失わないよう、お願いいたします。

◎魔法の館「パワーハウス」では、オーナー・管理人・住人は、すべて〝心のひらかれたあなた〟となります！　ただし、お固い頭で立ちはだかる「門番」がおり、あなたを「パワーハウス」の中に入れる・入れないを、常時、判断させていただいておりますこと、あらかじめご了承くださいませ。

◎魔法の館「パワーハウス」には、門番が配置されております関係上、不法侵入しようとする怪しいものを自動的にシャットアウトするのはもちろんのこと、あなた自身が、疑い・不安・恐れを持ったままで立ち入ろうとした際も、門は固く閉ざされ、中に入ることができません。

また、ネガティブなものを隠し持っているのがわかった時点で、出直していただくことになります。それらをどこかに捨ててから、インターホンをどうぞ。

◎「パワーハウス」は〝汚れ〟を嫌います。それゆえ、土足厳禁！
生まれたての赤ちゃんのような真っ白でピュアなきれいな心で、お入りください。

◎「パワーハウス」は、騒音を嫌います。それゆえ、騒ぎ立てず、静かに、おだやかな心で、ゆったりくつろぎ、ほほえんで、中にお入りください。

◎「パワーハウス」では、あなたから送られてきたエネルギー（常日頃の物の考え方や、イメージ、感情）を、あなたからの「贈り物」（宅配便）として受け取ります。また、もれなく、それに〝みあった「お返し」〟をいたします。それが意味することを、よくよくお考えください。

◎「パワーハウス」は、あなたの強烈な〝イメージビジョン〟を優先的に保管し、忠実に再現する術を多数ではなく、「無制限」に持っております。

◎「パワーハウス」は、あなたの〝良い感情〟を大好物の餌とし、それをいただくたびに、よろこんで魔法パワーを増幅させます。それゆえ、〝良い感情〟のみをお届けください。

◎「パワーハウス」内では、子どものように素直で、純粋な人には、〝えこひいき〟が発生します。
素直で純粋な人のためには、魔法の館のなんでも叶える「最強の力」は、惜しみなく、スピーディーに発揮され、ほとんどすぐといってもいいくらい早く「いいこと」が起こりはじめます！

それを受け取る〝器〟と〝心の準備〟をよろしくお願いいたします。

◎「パワーハウス」は、あなたの望みをなんでも貯蔵し、その望み方の程度に応じた魔法を使って叶えます。

◎「パワーハウス内」では、あなたの望むどんな種類の願いや夢や目標も、拒否されることはありません。また、一度にいくつの夢や願いをほうり込んでも、びくともしません。また、どんなに年月のかかるもの、労力のかかるものも、受け入れますし、ひるみません。
むしろ、その時期を早めたり、ありえないほど超☆楽ちんなやり方で叶えたりすることも朝飯前のおやすい御用です。

それゆえ、遠慮なく、なんでもご自由にお望みください。

◎「パワーハウス」には、幸せな奇跡を起こす「不思議な効力」と、無限の方法とやり方で望みを叶える「最強の力」があります。
お遊び、ジョークのつもりでなにかを試すだけでも、やった結果が出てしまいますので、ご注意ください。

◎「パワーハウス」には、自動成功装置が設備されています。また、その装置は、何ひとつ、やりそこなうことがありません。

◎「パワーハウス」では、あなたが望んだことすら、すっかり忘れてしまったというような、ほしいもの、叶えたいもの、なりたい状態も、しっかり管理保管しており、叶えるリストにのぼっております。

そうして、忘れられることなく、「叶えるだんどり」に入っております。

それゆえ、忘れたままでも、安心して、日常をお楽しみください。

◎「パワーハウス」は、一度受け取ったあなたの望みを強制的に叶える力を持っていますので、本当に手にしたいもの、叶えたいこと、なりたい状態のみを望まれますよう、よろしくお願いいたします。

◎「パワーハウス」内にある、何でも叶え、すべてを手に入れる「最強の力」を、悪用しようなどとは、ゆめゆめ思わないでください。悪用したことはぜんぶ自分に降りかかってくるものとなり、何の得もございません。

あなたの望みを楽しく叶えること、幸せになること、豊かになること、まわりをもハッピーにすることにのみ、お使いいただけると幸いです。

◎「パワーハウス」内から、魔法の力が発揮されていないかのように感じる、ずっと何も起こらないという場合は、心の状態をよくご点検ください。
心の中に汚れやごみ、荒れた様子、否定や疑いはありませんか？

そういったものがある場合は、とっととそうじし、浄化し、きれいでピュアな状態にしてください。すると、たいがい、ほどなくして、何か良い変化が起こります！

◎「パワーハウス」の〝名誉住人さま〟になられますと、「パワーハウス」を通して、「宇宙」からうれしい〝おまけのプレゼント〟がちょこちょこ日常に贈られてきます。
なお、〝名誉住人さま〟認定条件は、素直・明るい・謙虚・ポジティブ・クリエイティブ・良いことが起こるのを信じる気持ち、をお持ちの方となります。

なお、その際のお届けプレゼントは、生ものの現象である場合もあれば、何かしらの形ある品物の場合もあれば、キーマンとなる人物、資金、情報、特別扱いの好待遇など、さまざまございます。

それらは、たいがい、あなたにとって最も良いもの、うれしいものとなっており、絶妙なタイミングで贈られてきます。

◎「パワーハウス」は、いつも万全でパーフェクトな領域となっております！
もし、当初、あなたが考えていた時期より、望みの具現化が遅れるようなことがあったとしても、泣いたり、わめいたり、怒ったり、乱れたりしないでください。その際、「パワーハウス」の管理体制に不備はないのか！　などと、苦情を言わないでください。

望みの具現化が遅れますとご心配であることは、お察しいたします。が、たいがいは、遅れた分だけ、より大きなスケール、より素晴らしい形、よりハッピーな結果となって、叶えられることになっていますので、むしろ、お楽しみに！

◎「パワーハウス」は、親切で感動的なフォロー体制が自慢となっております！
たとえば、あなたの望むものが現実にやってくるのが遅れた場合、そのお詫びと言っては何ですが、もれなく、〝幸運の複利付き〟または、〝奇跡のおまけ付き〟で、「結果」をお届けするシステムとなっております。

その旨、ご了承いただきまして、よろこばしく期待しながら、お待ちください。

◎重要☆あなたの中の魔法の館＝「パワーハウス」は、「中古物件」売買をいたしておりません。また、老朽化したとしても、あなたの中から取り壊すこともできません。また、他の人のものに住み替えることも不可能です。

それは、天からあなたにのみ与えられた唯一不二《ふじ》の新築物件です。古くなったと感じるたびに心をそうじするだけで、新築状態を保てます。

また、心を望むように塗り替えていただくだけで、随時、自動的にリフォームされるようになっております。

輪廻転生しても、あなたのものであり続けるものですので、生涯こよなく愛し、心をこめてメンテナンスし、大切に管理・保管し、賢いオーナーでいてくださいませ。

さて、**言うまでもなく、「パワーハウス」の所在地は、「あなたの中」です♪　そこは、あなた専用の「魔法の領域」であり、〝不可能がない世界〟です！**

しかも!!　一日24時間、年中無料で使い放題で、〝宇宙規模的サービス〟が、生涯特典となっております！

この他のどこを探しても絶対にみあたらない好物件である、神秘と奇跡の「パワーハウス」の最強の力を、どうか生きているうちに、思う存分、めいっぱい、幸せな形でお使いくださいませ。

なお、**「パワーハウス」の魔法を働かせるスイッチは、あなたの心の中にあります！**
また、あなたしかそれを押すことはできません。

そのスイッチを押すさまざまな方法を本文にてお伝えいたしましょう！

ひとたび、スイッチが入るやいなや、あとは勝手に、あなたの望みが叶う方向、叶う方向へと動き出し、自然にゴールに導かれます！　そして、そのやり方は、いつも、最善であり、パーフェクトです！

もくじ

『すべてを手に入れる　最強の惹き寄せ「パワーハウス」の法則』

Chapter 1

奇跡が起こるお部屋づくり☆魔法のしこみ方

Chapter 2

最強の惹き寄せ☆シンボリックな魔法力

Chapter 3

まるで五次元☆ポンッと結果が現れる秘密

Chapter 5

カバーイラスト／kilkavbanke/shutterstock.com
本文デザイン／浦郷和美
本文DTP／森の印刷屋

Chapter

1

奇跡が起こるお部屋づくり☆
魔法のしこみ方

あなたが身を置く環境が、
あなたに「届くもの」を決めていた!?

惹き寄せの本拠地☆「パワーハウス」は波動認証システム

あなたの中の魔法の館「パワーハウス」は、不可能のない世界であり、奇跡の領域であり、〝最強の惹き寄せ〟を起こす本拠地、そのものです！

その内部にある魔法の力を、自由に活用するには、〝あなたの現実をつくっているあなたの心の状態〟を、まず、「明るい」「きれい」「美しい」ものに、しておかなくてはなりません。

それが、魔法をあやつる権利を持つ「パワーハウス」の住人になる、最低限の入居条件だからです！

そもそも、「パワーハウス」の鍵は、あなたの心の中にあります！　心の中が、暗かったり、汚かったり、醜《みにく》かったりしたのでは、うまく鍵をつかむことができません。
また、その鍵は、〝運命の鍵〟であり、門を開けるのは、〝ピュアに信じる気持ち〟であり、玄関のドアをあけるのは、〝明るい気持ち〟です！
しかも、玄関の扉はオートロックで、あなたの心の状態をエネルギーとしてすべて見透かす、高性能な「波動認証」システムを搭載しています！

入口で、すべてを見透かされているがゆえに、何もごまかせません。心を、「明るい」「きれい」「美しい」ものにしておくしか、ないのです。

ときに、何かいやなことがあったとしても、つらいことがあったとしても、それだからといって、いつまでも暗いままでいたり、よくない状態を引きずったり、くよくよしたままでいたりしては、いけませんよ。

魔法の力とともに、先を急ぎたいなら、確実に望みを叶えたいなら、とっとと立ち直ってほしいわけです！

「ネガティブで、腐ったままの私の言うことも、聞いてくれ～」では、門も扉も開かないからです。そうなると、使いたい魔法も使えませんからねぇ～。

覚えておきたいことは、あなたの心の状態がパワーハウスに影響するというのは、〝抗しがたい事実〟だということです！

「魔法をしこむ」ための、ベースをつくる！

あなたの心の状態は、そのまま、「パワーハウス」の状態にもなります！　率先して、クリーンにしておきましょう！

とはいうものの、お部屋のゴミや汚れなら、目で見ればみつかるものですが、心の中のゴミや汚れは、みつけにくいものですよね。しかし、みつけるための、はっきりとしたサインがあります！

もし、あなたが最近、なにかとイライラしたり、怒りっぽかったり、意地悪だったり、不平不満が多かったりするとしたら、かなり〝ネガティブな感情〟のゴミが溜まっている証拠です。

もし、あなたが最近、人さまの、よろこばしい出来事や幸せな状態、成功や富や名誉、素敵なパートナーやご家族に対して、なにかと、おもしろくない、腹がたつ、悔しくてたまらないとしたら、嫉妬やうらみなど、〝どろどろしたもの〟が溜まっている証拠です。

また、最近、なかなか眠れない、なにかと他人と比べて落ち込む、訳もなくあせる、喜怒哀楽の落差が激しい、心配ごとが絶えない、悩みに押しつぶされそう、逃げたい気分！　だとしたら、かなり〝ストレス〟が溜まっている証拠です。

もし、めそめそしがちであったり、弱音や泣きごとばかり言ったり、自信がなくなったり、何もやる気がしないのだとしたら、かなり、〝疲れ〟が溜まっている証拠です。

もし、〝よくないこと〟ばかり想定してしまう、物事を〝悪いほう〟にしかとれない、〝うまくいかなかったらどうしよう〟〝失敗するのではないか〟とびくびくしてしまうなど、後ろ向きなことや、悲観的なこと、怖いことしか考えられないとしたら、かなり、〝不安〟と〝恐れ〟が溜まっている証拠です。

そういったものがあるとわかったなら、まずは、自分に休息や癒しを与え、うまく気分転換し、リフレッシュし、自己浄化できるようつとめましょう。

「自己浄化する方法を教えてください」なんて、言わないでくださいよ。自分の心がスッキリしたり、サッパリしたり、すがすがしくなることなら、何でも試せばいいだけです。海へ行くなり、カラオケするなり、なんなりとやってください。

それだけで、不要なゴミや汚れを捨て去れ、心を、「明るい」「きれい」「美しい」状態にできるでしょう！

そのとき、あなたは、〝いつもの明るく元気な自分〟でいられ、自然に、楽しいことや良いことを考えることができ、かんたんに夢や希望を持て、ふつうにしていてもそれを叶えるきっかけに満ちた人になっているもの！

なにを隠そう！　この状態こそが、「パワーハウス」があなたに準備してほしいと思っていた、「魔法のしこみ」のベースともなる大切な状態だったのです！　そして、すべては、そこから始まることになるのです♪

お部屋のそうじの秘密☆それによって、あなたに届くものが変わる⁉

「パワーハウス」の魔法の力にあずかるべく、心のスペースをきれいにしたなら、今度は、あなたが、毎日、身を置くスペースであるお部屋もきれいにしておきましょう！

お部屋をそうじすると、心もスッキリ！「パワーハウス」のコンディションも整い、良好に！「お部屋」「心」「パワーハウス」は、〝まったく別物〟ではなく、いつでも、あなた自身と日常に密接につながっているのです。

汚い、ゴミだらけ、散らかっている、乱れている、不潔、悪臭が漂うなんて、絶対にありえませんよ。もし、あなたのお部屋がそういう状態だとしたら、心の中もそういうもので、当然、「パワーハウス」もまちがいなくゴミ屋敷でしょう！
そんなゴミ屋敷になど、大切な願いや夢など、あずけられたものではありません。
無理やり、そこに望みを送りつけようとて、届くわけもありません。

さて、あなたのお部屋が不快な状態だとしたら、そこに身を置く自分の心も不快なもので、「パワーハウス」も不快な状態になっているもの。そのとき、あなたに届く現実は、〝不快なもの〟になるしかありません。

それもそうでしょう。よく考えてもみてください。

汚い、ゴミだらけ、散らかった部屋にいて、どうして、心が落ち着きましょう。どうしてリラックスできましょう。どうしておいしく食事ができましょう。どうして良い眠りにつけましょう。どうして希望に満ちたことを考えられましょう。
どうして、ほしいもの、叶えたいこと、なりたい状態を、快適に、ポジティブに、思い描くことができましょう！

お伝えしておきたい秘密は、身を置く環境の状態と心の状態は、良いも悪いも互いに如実に影響しあっているということです！　そして、「あなたが身を置く環境が、あなたに〝届くもの〟を決めている」ということです！

そうとあらば、さっそくきれいに、そうじをしましょう！

いつでも、人は、きれいにそうじされたお部屋、おだやかで清々しい落ち着いた気持ち、くつろいだ時間の中にいるだけで、ほしいものや、叶えたいこと、なりたい状態を自由に思い描け、ポジティブに、クリエイティブに、意欲的に生きるきっかけを、持ちやすいものです！

そのとき、「パワーハウス」は、あなたを、とても後押ししやすいのです♪

「フィルター交換」のサインが出たら、すみやかにどうぞ♪

「パワーハウス」は、あなたの心やお部屋にゴミがたまり、そうじをする必要が出てくると、親切にも、掃除機の「フィルター交換」のサインのように、そのサインを送ってきてくれるものです！

そのサインは無言であなたの心の中にやってきます！　が、そのサインをわからないということはありません。ちゃんとあなたはキャッチできます♪

そして、キャッチしたとたん、なんとなく心をスッキリさせたい気になったり、これまでの日常の流れに対して、いったんひとくぎりつけたいと感じたりして、あなたは、自発的に、自然に、部屋のそうじや、心の浄化や癒しに向かうもの！

そもそも、人が、お部屋のそうじをし、心をきれいにし、落ち着きたいと思うようになるのは、そうすることで、「運気リセット」できるということを、〝無意識の領域〟でわかっているからです。

その〝無意識の領域〟こそ、「パワーハウス」なわけですが。

それゆえ、もし、あなたが突如、そうじをしたくなったり、〝これからは、もっとゆったり、お部屋でくつろぎたいなぁ〜〟と思ったりしたなら、その感覚を、サインを、無視しないでくださいね。

そのとき、「パワーハウス」によって、まさに、あなたの運気が改善され、引き上げられようとしているところだからです！

ちなみに、お部屋のそうじをすると、「魔法をしこむ」ベースが整い、その合図を出すかのように、日常に、なぜか、「いいこと」が起こりはじめます♪

物の捨て過ぎは、無力のもと☆殺風景は絶対NG!!

「魔法のしこみ」のベースともなる〝そうじ〟は、この際、パーフェクトにやりましょう！　そのためのポイントは、余計なもの・邪魔なもの・いらないものを、惜しみなく、捨てること！

それらは、あなたの「お部屋」と「心」と「パワーハウス」に、〝ストレス〟を負わせるものだからです。

余計なもの・邪魔なもの・いらないものを捨てたとたん、本当にほしかったもの・歓迎できるもの・必要だったものが、あらゆる回路から自由にやってきます！

それは、あなたにいまそれを〝受け取る余裕（キャパ）がある〟とわかった「パワーハウス」からの贈り物♪

というわけで、さっそく、余計なもの・邪魔なもの・いらないものを捨てましょう！　それらは、主に、次のようなものです。

《あなたの部屋からどけたい、無駄なもの・邪魔なもの・いらないもの》

- □お部屋のサイズとはミスマッチの大きすぎる家具や、買い替えたいと思っている古い家具、扉や引き出しの壊れた使えない家具
- □買ったけれど、ゆっくり座ることもない大きなソファや、いつの間にか洋服やバスタオルを積み上げるだけになってしまった椅子
- □もう弾くこともないピアノやオルガンやキーボード
- □壊れた置時計やラジオや電化製品
- □置き場所に困る大きな壷や花瓶、また、壊れた壷や花瓶
- □汚れのひどいカーペットや、汚れてよれよれのカーテン
- □廃品回収に出すつもりのいらない本や雑誌や新聞紙のかたまり
- □ため込みすぎたデパートの紙袋や包装紙のかたまり
- □部屋に散らかし放題の、空き瓶・空き缶・ペットボトルなど

□壊れものをつめこんだ廊下をふさぐ段ボール
□自分で持っているのも怖いような気持ちの悪い掛け軸
□悪いけどほしくなかった、人からの土産の木彫りの熊や人形や変な置き物
□誰からもらったかも忘れた、結婚式や葬式のお返しでもらった、置き場に困る、飾るのもいやな、ほとんど使いみちのない品物
□お中元やお歳暮でもらった好きではない食器や、使わないまま箱に入れて置いてあるだけの食器
□クリスマスや正月用として買ったものの不要になった季節製品
□気まぐれで手に入れたが出番もなく、やはりいらないオブジェや絵皿
□未練たっぷりの昔の彼とのツーショットの写真立ての数々
…など

余計なもの・邪魔なもの・いらないものがなくなれば、お部屋もスッキリ！　心もスッキリ！　そして、「パワーハウス」もスッキリ！

そのとき、あなたが心の中で望むものは、「パワーハウス」にダイレクトに届きや

すく、ほしいもの、叶えたいこと、なりたい状態が、叶いやすくなります♪

さて、あなたの部屋から、余計なもの・邪魔なもの・いらないものを捨てるといっても、ついでに断捨離しようというのでも、必要なものや置いて置くべきものまで、なんでもかんでも捨てる必要はありません。

むしろ、捨てすぎは、禁物!! 殺風景になり、絶対にNGです！ 物がなさすぎるというのは、豊かな感情の喚起のきっかけを失わせるからです！

あなたのお部屋に不必要なものがなく、かつ、必要な物はあるべくしてある状態で、〝良い感情が育みやすい快適さ〟を持っているのが、一番いいのです！

そのためにも、ぜひ、置いておきたいものたちがあります！ それはいったい、どういうものでしょうか？ 次の項で、お伝えしましょう♪

願いにマッチした部屋づくりをする♪

あなたのお部屋に、置いておきたいものは、ズバリ！　ほしいもの、叶えたいもの、なりたい状態にかかわるもの、リンクするもの、連想させるものです！

日常的に、それらとつながり、イメージでき、気分を盛り上げられるよう、「願いにマッチした部屋づくり」をするだけで、「パワーハウス」を自然に刺激し、無理なく、惹き寄せの魔法力を高められます！

もし、「お金持ちになりたい！」というのが夢なら、視界に入るだけで、〝お金〟や〝お金持ち〟や〝贅沢で優雅な暮らし〟を連想でき、リッチな気分になれるというようなものを、何か置いておくのです。

たとえば、財テク雑誌や、吉相印鑑、お金や証券や契約書がたくさん入りそうな金庫、豪華な気品あふれるインテリアなど、豊かさを感じられるものを。

「仕事で出世したい！」というのが願いなら、やる気になれる自己啓発本や参考資料、ポジティブシンキングをサポートする成功哲学の教材、仕事のはかどる大きなデスクや、牛革のビジネスバッグ、高級万年筆を！

「彼とそろそろ結婚したい！」というのが、せつなる夢だというのなら、結婚情報誌や式場案内、見ているだけで胸躍るウェディングドレスやマリッジリングや新婚旅行で行きたい海外旅行のパンフレットなどを♪

とにかく、インテリアや、そばにおく小物はもちろんのこと、カーテンやカーペット、ベッドカバーも、あなたの夢や願いにぴったりマッチする色やデザインを選び、そこから放たれるムードやエネルギーを、〝夢みる自分にふさわしい、めいっぱい幸せなもの〟にするのです！

どのみち、それらはすべて、あなたの願いや夢に、実際、役立ちます♪

大切なことは、〝あなたの望むものと一致した波動の中にいる〟ことです！

といっても、それは、なにも、安物ではなく高級品を置け！　ということではありません。安い高いに関係なく、あなたがうれしくなったり、よろこべたり、豊かな気分になれたり、そこからパワーがもらえるものなら、なんでもいいわけです♪

「願いにマッチした部屋づくり」をするという、たったそれだけで、あなたは自分の部屋にいながらにして、それを叶える気分とエネルギーと可能性を、何倍にも高められるということです！

それによって、日常に、多くのチャンスや必要物を惹き寄せ、運命を自動的に動かすことになるということです！

自分の日常は、〝憧れ〟と一致させる

あなたのほしいもの、叶えたいこと、なりたい状態という、夢や願いの「種」は、いまのこの日常で養ってこそ、芽を出し、花を咲かせ、実らせることがかんたんになります！

日常に何の形跡もなく、ときどき無理して思い出さなくてはならないような、そんな願いや夢は、扱いにくく、叶いにくいものです。というのも、あなたの認識やイメージや気持ちが、「パワーハウス」に入っていくきっかけがないからです。

それゆえ、**自分が、どういうものにかこまれているのかをもっと気にかけ、自分の日常と、〝憧れ〟を一致させておくことです！**

もし、あなたが何者かになりたいというのなら、たとえば、作家になりたいとしたら、本の原稿を書くためのパソコン、作曲家になりたいなら作曲時に使うギターやキーボード、イラストレーターになりたいなら絵を描く道具など、そういうものは、もう、いま、この日常の中で置いておくことです。

そばにあり、必要なときには、いつでも使えるように！

何者かになりたいと夢みており、「本気です！」などと言うわりに、必要なその道具や関連物がそばにない、そういったものを目にしたり、ふれたりする機会もない、というのはありえません。

また、たとえ、それを買って、すでに持っていたとしても、「まぁ、どうせ、まだ使うことはないだろう」と、押し入れの奥にしまったままだというのは、いただけません。そういうことをしていると、なかなか夢に近づけないものです。

すぐに見える場所、すぐ手の届く場所、必要なときにすぐに使えるところにあるのが、いいわけです！

それらが、いま、すでに、そばにあり、日常的に自分を幸せに刺激し、いつでもすんなり活用できるものであるとき、あなたは、無理に何かを思い描かなくても、がんばってやる気を出さなくてもよく、これから自分が、「どんなことを叶えようとしているのか」「何者になろうとしているのか」「どんな素晴らしい人生を生きようとしているのか」それを、いつでも、一瞬で、認識でき、〝そのつもり〟でいられます。

そして、あなたが、そのつもりでいるかどうか、その気持ちの程度を、「パワーハウス」は、毎日、よく見ているということです！

あなたのお部屋こそ、“夢を叶えるお城”そのもの

あなたの夢や願いや憧れと相反するような、どこかみすぼらしく、自分をみじめにさせるようなものでなど、決して、自分を囲まないでください。

電球が壊れたままの照明器具や、座るたびにギシギシと音が鳴り、ぐらつく不安定な椅子、引き出しをあけるたびに往生する古いポンコツのタンスなど、この際、なんとかしたいもの。

願いや夢を持ちはじめたとき、そのフィーリングにマッチしないものは、あなたに違和感を覚えさせ、ぎこちなくさせるからです。

しかも、**あなたの願いや夢や憧れと似ても似つかないもの、真逆のものは、あなた**

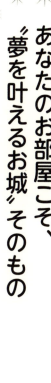

の高い志を邪魔しかねません。

さて、ここでは、〝自分をかこむものが、エネルギーをくれるものになっているのか、逆に、奪うものになっているのか〟それに、ハタと気づき、そこから、憧れを現実のものにした、私のエピソードをお話しましょう。

まだ、作家になる前のかつての私は、毎日、なにかと、「成功して、お金持ちになりたい！　大きな家に住みたい！」と願っていました。しかし、当時はまだ、成功やお金持ちとは、似ても似つかない、ほど遠い生活の中にいました。

ある日、なんの気なしに部屋の中を見渡していると、突然、奇妙な気分になっている自分に気づいたのです。

「それにしても、この部屋は憧れとは遠いもの……こんな、狭くてぼろくて何も良いものがない不本意な部屋にいて、いったい私は、いつ、どうやって、〝それなりの存在〟になれるのだろうか？

こんな暮らしの中にいて、成功するなんて、とてもではないけれど、無理な気がする。だって、この部屋に帰ってくるたび、現実をつきつけられ、気持ちが萎え、落ち込むのだから」と。

その瞬間、私の中で、何かがコトンと落ち、そういう気持ちでいるのがいやになり、心がこう決まったのです。

「よし！　この状況を変えよう！　せめて気分だけでもリッチにしよう！　自分を取りかこんでいるものを、たとえひとつでも憧れのものにすれば、〝狭い家でも、楽しい我が家♪〟になるかもしれないし」と。

そして、さっそく、〝願いにマッチした部屋〟〝憧れと一致しているもの〟に近づけようと、お部屋づくりをすることにしたのです。

お部屋のムードや波動をチェンジするために参考にしたのは、かつて、遊びに行ったことがある、知人のお金持ちの女社長の豪邸でした。

そこには、キラキラのシャンデリア、ヨーロッパの高級家具、ピアノ、大理石のテーブル、高級絵画が、あれこれたくさんあり、どれもみな、誇らしく輝いていました。

その部屋のリッチなムードと優雅さに、私はいっぺんに魅了され、「私もこんな暮らしができるくらい、成功して、お金持ちになりたい♪」と、強く憧れたからです。

それを思い出した私は、「たとえ小さな規模でもいいから、それを真似てみたい♪」と、そう思ったのです！

そして、自分でも少し背伸びをすれば、実際に買うことができるというものから、一つひとつ、そろえることにしたのです。

まず、最初に、天井の電気をシャンデリアにしてみました。はっきり言って、これは大正解でした！　明かりひとつ替えるだけで、こんなにも部屋がリッチなムードになるのかと。その感動はすごかったからです！

次に、食器を買いに行きました。あのシャンデリアのもとで、丼物を食べるのというのは「ないなぁ」と、感じたからです。

私は、さっそくデパートの食器売り場に行き、白とゴールドの美しい食器をいくつかそろえました。買ったお皿の中には、豪華な金の装飾があり、1枚1万円もするものもありましたが、奮発しました。

食器を買ったのも正解でした！　食卓のムードがガラッと一変したからです！

豪華な食器を目の前にすると、食べるものについても、ごく自然にクリエイティブに考えるようになりました。インスタントや冷凍食品やできあいのものを、そのお皿で食べようとは思わなくなるもので、それゆえ、しっかり手料理をするようにもなったのです！

実際、良い器で、良い食事をすると、幸せや豊かさの気が、ひと口、ひと口、自然に自分の中に入っていく気がしました。

また、そのあと、ヨーロッパの輸入家具専門店にも実際に足を運びました。すると、そこに、イタリア製の美しい白い大理石のテーブルがあり、ひとめぼれ！

それは、さすがに高価で、即決では買えませんでした。が、何度か見に行っているうちに、店長さんと仲良しになり、ついには、大きく値引きをしてもらえ、おまけに素敵なコーヒーカップのプレゼント付きという、ラッキーな形で購入できたのです。
そのあと、金糸で織られたふかふかカーペットや、白とゴールドのキャビネットなども！

ここまでやると、すごいもので、あらまぁ〜、狭いのに、まるでお部屋は、〝お姫さまのお城〟のよう♪

そうなると、もう、どこに出かけようとも、自分の家に帰ってくるのが楽しみでしかたなく、お部屋がたまらなく快適で、愛しくなったのです。
そして、不思議なもので、いつからか、その空間にいる自分に対して、「ふさわしい！」と思えてくるようにもなり、「憧れや夢が現実になるのも、まもなくだ！」という、圧倒的な予感さえ覚えたものです。

実際には、まだ、お金持ちになっていないにもかかわらず、自分が〝すでに豪邸に住んでいるお金持ち〟のような感覚にさえ、なったのです♪

おもしろいことに、そのときから、「お金持ちになりたい」という感覚はなぜかなくなり、かわりに、「なっている♪」という感覚すら生まれており、それはとても不思議でした。

何を隠そう！　その感覚こそ、「パワーハウス」からの「魔法のしこみ」完了の合図！

ほどなくして、望みが叶う状況やチャンス、キーマン、したかった仕事、大きな報《ほう》酬《しゅう》が次々と惹き寄せられてきて、結果、〝理想の豪邸〟にも引っ越しすることができたのです！

覚えておきたいことは、「パワーハウス」内のインテリアは、あなたが日常的に、自分を取りかこんでいるものと、まったく同じものを配置しており、その本質を理解し、それにみあった、ふさわしい現実を再現してくれる！　ということです。

まわりを〝気持ちいいもの〟で、かこむ

ほしいもの、叶えたいこと、なりたい状態があるというなら、とにかく、あなたのまわりは、〝気持ちいいもの〟だけで、かこむようにしてください♪

ほとんどの人は、どこへ行こうとも、必ず自分の家に帰ってきます。自分の部屋でくつろぎ、そこで自分の心と向き合ったり、何かを夢みたり、願ったりするからです！

あなたのお部屋を通して、あなたの視界に入ってくる世界観や、放たれるムードや波動が、毎日、どれほど自分に影響するのかを、わかっていてください。

ながめて心地よい絵、心癒される可愛いぬいぐるみ、優しい気持ちになれる可憐なお花、無条件にテンションアップするキラキラ光るものなど、あなたにとって、〝気

持ちいいもの〟を、惜しみなく、まわりにどうぞ。自分の笑顔の写真や、イケてた頃の写真、愛するパートナーとのツーショット写真なども、さりげなく♪

実際にやってみるとわかりますが、まわりが〝気持ちいいもの〟ばかりになると、まるですべてがほほえみかけてくるかのような、「聖なる空間」になります！

その空間にいるだけで、おだやかで優しくなれ、ほっとし、心からリラックスできます！　すると、いまのこの日常自体にも、満足できるようになります。

目に見えるもの・見えないもの、まわりのすべてのものたちが、夢みる自分を心から祝福し、サポートしてくれているような感じさえするものです！

その素晴らしい世界観は、ダイレクトに「パワーハウス」に通じ、必ずなにか「いいこと」を惹き寄せ始めます！

そして!!　**ここでお伝えしておきたい重要な秘密は、〝すべての奇跡は、あなたの部屋の中で起こる♪〟ということです！**

あなたが部屋にいるときに、パソコンに良いメールが来るのです！　あなたが家にいるときに、幸せな携帯電話が鳴るのです！　あなたが家にいるときに、吉報を伝える郵便物や、なにかしらうれしいプレゼントの入った宅配便が届くのです！

あなたの日常を、自分を、憧れで取りかこみ、よろこばしい気持ちでいるとき、ふつうにしていても、夢のスイッチを入れることになるのです！

さて、この日常で、習慣的に、何気なく、夢や願いに関することが、あなたのお部屋の中で、自分の〝視界に入る〟ということが、どれほどあなたの「パワーハウス」の魔法の力を強めることになるのか、いま、この時点では、あなたはまだよくわからないことでしょう。

しかし、それこそが！　「とても重要」なことであり、「なによりも効果的」なことだったのです！

「魔法のしこみ」を終えたここからのことを、次のＣｈａｐｔｅｒ２より、詳しくお伝えしていきましょう♪

Chapter

2

最強の惹き寄せ☆シンボリックな魔法力

もはや、それを見るだけで、
ほしいものすべてが手に入る！

ほしいものを、みつめる☆
その絶大なる効用!!

あなたの中のなんでも叶える魔法の館「パワーハウス」には、シンプルな刺激で、最強の惹き寄せ力を発揮する、さまざまな特徴があります。

なかでも、ひときわすごい特徴は、あなたが「見たもの」（実際に、その目で見たもの、イメージを通して心の中で見たもの）を、〝この現実に再現する！〟というものです。

それゆえ、Ｃｈａｐｔｅｒ１でお伝えしてきたように、あなたが、毎日、身を置く環境であるお部屋や、まわりにあるもの、日常的に視界に入るものには、気をつけてほしかったわけです！

〝習慣的に、無意識に、見ているもの〟というのは、知らず知らずのうちに、「あなた」自身と「パワーハウス」に、大きな影響を与えます！
目にするもの＝ビジュアルの力というのは、言葉や思考を超えた大きな力を持っているからです。

あなたが見たものを通して、「パワーハウス」は、その意味するものを素早く理解し、あなたのもとに持ってくるのです！

その力をうまく使えば、あなたは、望みのすべてを手に入れることができます！

とはいうものの、ただ、無関心に見たり、わけもなくボーッとながめたりしても、何も起きません。

見るという行為にあなたの意図や、生の感情が加わり、特定の意味を持った〝みつめる〟という状態になることで、効果が出るわけです！

さて、その、「見る」という行為を通して、ほしいものや、叶えたいこと、なりたい状態を手に入れられるというなら、こんなに楽で、ありがたいことはないと思いませんか？

いや、本当に、そうです。ありがたいのです！　けれども、そこには、叶えるための正しい「やり方」というのがあるわけです。というわけで、まずは、「パワーハウス」に通じる基本からお伝えしましょう！

ちなみに、ここから順を追って、本書では、基本などぶっ飛ぶくらいの、超シンプルな、おふざけのような、けれども、とても効果的な叶え方をお教えいたします。

しかし、何でもそうですが、その〝すご技〟を応用できるのは、基本がわかっていてこそ！　まずは、基本を確認しましょう！

あなたは「見た」ものを、手にすることになる！

あなたにほしいもの、叶えたいこと、なりたい状態があり、それは、いま、まだ、〝あなたの手には、入っていない〟とします。その際、出番となるのが、〝心の中で、ひと目、それを見る〟という、やり方です！

ひとり静かな部屋で、目を閉じ、自分の望むものをイメージします。ほしい何かしらの特定の品物、叶えたいことが叶った状態、なりたい状態になっているところを。その際、白黒ではなくカラーで、できるだけ色鮮やかに、いきいきと鮮明に、リアルに、ほしいもの、叶えたいもの、なりたい状態を描きます！

といっても、**長々とストーリー仕立てにする必要はありません。〝最終結果の一場**

面のみ〟を、ひと目、見ればいいだけです！

ほしかったものを手にして、うれしそうに笑っている自分、叶えたかったことが叶って誰かに電話してそれを伝えている様子、なりたい存在になって美しいドレスを着てパーティーに行っている自分、あるいは、なりたい状態の中で、満足している様子など、そういう一場面を、ひと目♪

そのとき、その〝結果のよろこばしい場面〟を訪れた記念に、パチリと写真撮影します。

その〝イメージの世界〟でつくったビジョンが「青写真」となります。

その「青写真」を見ながら、よろこび、安堵し、満足気でいてください。その際、「私の夢は叶っている！」と肯定し、受け入れたら、それ以外、ごちゃごちゃ思考を走らせないでください。

そのとき、どれほどよろこび、幸せなことか！　その〝最高の気分〟をリアルに感じ、味わいつくすのです！

「青写真」に、あなたの感情がうまく注がれると、それがエネルギーとなって、「パワーハウス」に送られることになります。

ちなみに、エネルギーが、ちゃんと「パワーハウス」に送られていれば、たいがい、あなたは、この時点でも、実際に、気分が明るくなったり、することを一応はしたという落ち着いた気がし、なにかが満たされているはずです。ときには、実際に、この時点で、ジワッとうれし涙があふれてきたりもするでしょう。

そうやって、**「パワーハウス」にうまくエネルギーが届くと、受け取ったサインとして、また「願望を受け付けた領収印」として、「パワーハウス」はあなたに〝安心感〟を返してきますので、あなたは、「これでいい♪」という感じがするものです。**

そうして、そのあと、引き続き、現実に何かが起こることになります！

さて、あなたからのエネルギーが、「パワーハウス」にちゃんと送られていない場合は、あなたがうまくイメージや感情を生み出せていないということです。

もしかしたら、半信半疑だったか、完全に、どこかシラけていたのかもしれません。そういった原因は、あなたがほしいもの、叶えたいこと、なりたい状態を、明確にしていないか、本当には何を望んでいるのか、自分でもよくわかっていないのかもしれません。あるいは、それを受け取れるとは、〝はなから思っていなかった〟からかもしれません。

本当に、ほしい、叶えたい、なりたいと思っていないのなら、そもそも、人は、そのイメージすらわきません。


さて、**心の中で、望むものをイメージするとき、途中経過は、一切、見ないでください。それは、「パワーハウス」には必要ないからです。**

あなたが〝結果〟だけ見ていれば、「パワーハウス」にも、〝結果〟だけが送られ、やがて、途中経過に必要なものすべてと、うれしい結果そのものを、うまく惹き寄せてくれるから、途中経過の心配など、何も必要なかったのです！

なんなら、〝本物〟にふれなさい☆その楽しい体験の超効果！

ほしいものが、すでに存在する何かしらの特定の品物であるという場合、もちろん、それを心の中でイメージとして見てもいいわけですが、可能なら、その「現物」を〝肉眼で！〟見るといいでしょう。

それが売っているお店や、置かれているところ、ずらりとそれらがそろった展示会などに出向き、しばしその場で、うっとりみつめるのです。

「本物」の持つリアルさは、半端《はんぱ》ない力を持っており、その波動は圧倒的です！

とにかく、目の前のそれを、好意的に、興味深く、うれしそうに、惚《ほ》れぼれと、心から酔いしれ、うっとりみつめてください。

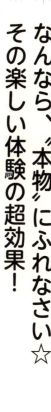

そして、ときめきやよろこび、うれしさ、わくわくする気持ちを、充分、味わってください。

もし、直接、さわることができるものなら、それを手にとり、その感触をしっかり感じ取ってください。

たとえば、それが、ダイヤモンドの指輪なら、つけさせてもらいましょう。高級ブランドのドレスなら、試着させてもらいましょう。高級外車なら、試乗させてもらいましょう！　豪邸や億ションなら、ぜひ内覧させてもらいましょう！

その体験をしている自分の姿を鏡で見ることができるなら、鏡ものぞいてみましょう。どれほど、それは自分にお似合いか♪

いいですか！「そんなものを見たところで、どうなる」「ふれたところで、店のもの」などと、冷めた心的態度で、望まないでくださいよ。望むものが叶わない人に限って、いつも、はなからそうやって、憧れのものを〝他人ごと〟として、見ているものです。

すべては、「見る」「ふれる」「体験する」ことから、大きく動きだすのです！

あなたの望むそれが、どんなに高価なもので、いまの自分には手の届きそうのないものだとしても、決してネガティブになったり、ため息をついたり、いじけたり、無理かもとひるんだり、冷めてみたり、近づくのを恐れたりしては、いけません。

そういう心的態度こそ、望むものをあなたから遠ざけるものだからです！

いつでも、ほしいもの、叶えたいこと、なりたい状態をみつめるときには、〝うれしい気分〟で、よろこんで対応してください。見て、ふれて、体験して、「まさに、これは、いま、自分の手の中にある！」と心の中でつぶやいてください！　それは、やがて起こる〝本当のこと〟です！

そのとき、**あなたは、「パワーハウス」に「手にします！」「叶えます」「そうなります！」という、注文書を送ることになり、「パワーハウス」は、すぐにそれを直行便ルートに乗せ、あなたの日常に届けてくれます！**

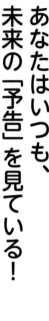

あなたはいつも、未来の「予告」を見ている！

とにかく、あなたは〝見たものを手にする〟ことになります！　そう、よろこばしい気持ちで、歓迎し、納得したものを♪

しかも、人というのは、おかしなもので、見なければ、ほしいとも思わなかったものを、見てしまったことで、「いいなぁ♪」「私もほしいなぁ」と思うようになり、のちに、実際に手にすることになるということを本当は日常的に、大なり小なり、多く経験しているものです。

昔、私がまだ3つの仕事をかけもちしていた頃、地元のある億万長者の女社長に気に入ってもらえたことがきっかけで、ある日、また会うことになりました。そのとき、車で迎えに来てもらったのですが、その社長は、メルセデスベンツでやってきたのです。車にうとい私は、最初、それが何の車かわかりませんでした。が、あまりにも乗り心地がよく、高級外車に違いない！　と、その車に乗っている自分にも感動していたのです。そして、「いいなぁ♪　こういう車、素敵♪　私もほしいですぅ～」と、ジョークでつぶやき、わくわくしていたのです。

それまで私は、その車をそばで〝見た〟ことがありませんでした。しかし、〝見た〟ことをきっかけに、そこからの自分の「未来」へとそれが、つながっていくとは、夢にも思っていませんでした。

車の中で、話を聞いてみると、それは一台1000万円以上もするものだと。それゆえ、当時の私には、当然、まったく無関係なものに思えていました。

しかし、車に乗ってうれしそうにはしゃぎ、憧れる私に、彼女はひとこと、こう言ったのです。

「あなたも、そのうち、これに乗る人になれるわよ♪」と。

その言葉には、驚きました！　というのも、当時の私は、まだ、小さな３人の子どもの世話と仕事に奮闘するものの、それでも食べるのがやっとという状態の中にいたのですから。それに、当時はまだ、本すら書いていなかったのですから。

不思議に思い、私は聞いてみたのです。
「なぜ、〝なれる〟なんて、言えるのですか？」と。
すると、社長は、
「あら、あなた、さっき、いいなぁ♪って、そう言ったでしょ。私もほしいと。わくわくしていたら、そうなるものよ。望めば、なんでも叶うのよ！」と。

ひぇ～!!　まじすか!?

しかし、当時は、自分の人生がいったいどうなれば、そうなるのか、何が起こって、どんなルートをたどれば、そういう人になれるのか、まったく見当がつきませんでした。あてなど一切ありませんでした。

が、結局、その後、突然、作家デビューが決まり、あれよあれよと本が世に広まり、途方もない報酬がやってきて…。結果、あの日、見た、乗った、よろこんだ車が、わがものに！

しかも、叶った「やり方」も、どストレートで、笑ってしまいました。実は私は、車屋さんすらご縁がなく、もちろん、運転免許も持っていませんでした。が、あるとき、編集者と一緒に銀座のとあるお店に行くと、そこでその編集者が知り合いに会い、その知り合いが友人とともにいて……ごあいさつをと名刺を交換すると、何とその方がメルセデスベンツの会長さまだったのです！

そのとき、とっさに私の口から、「ベンツを見たいです。ほしいので♪」などという言葉が勝手に飛び出し、それを聞いた会長さまが、「それなら、こちらで手配しましょう。先生、明日にでも、ぜひショールームに来てください」という流れになったわけです。

結局、「運転手付きで、乗ればいいか♪」ということになり、私はほしい車のために、特に動いたわけでもないのに、勝手にいろんなことが惹き寄せられてきたので

す！

勝手に！　という言葉は、絶対にそうなのです！　というのも、**私がこの車のためにしたことは、あの日、女社長に乗せてもらったベンツに感動し、自分もそれに乗りたいとパンフレットを取り寄せ、部屋の壁に貼り、毎日、見ていただけだからです♪**

〝象徴〟には、夢がギュッと濃縮されている♪

ほしいものや、叶えたいこと、なりたい姿や状態はあるけれど、そのイメージや現物を見たりするのが難しいという場合には、その、ほしいものや叶えたいこと、なりたい状態を示す〝象徴《しょうちょう》〟を用いてもかまいません。

〝象徴〟は、あなたにとっての意味あるもの、何かしらの特定の品物、写真やポスターなどの映像的なものなど、なんでもＯＫ。

たとえば、「お金持ちになりたい！」というとき、もしかしたら、あなたにとっては、ロレックスの時計、エルメスのバーキン、メルセデスベンツなどが〝お金持ちの象徴〟になるのかもしれませんね。

また、白亜の邸宅に住むことや、3カラットのダイヤモンドを身に着けることや、ロマネコンティを惜しげもなく飲み干すことかもしれません。

あるいは、どこかに多額の寄付をしたり、小切手を使ったりすることかもしれませんね。

だとしたら、そういったもののイメージ写真や商品広告やパンフレットやポスター、関連グッズ、レプリカやオブジェ、そこに思いがつながる何かしらの特定のグッズなどを、〝象徴〟とし、見るといいのです！

うれしい気持ちになり、よろこび、優雅な気持ち、豊かで贅沢《ぜいたく》な心地よさにひたりながら！　うっとりと〝みつめる〟ようにして。

いったいい毎日、どのくらいの時間の長さ、そうすればいいのかですって!?　お答えしましょう！

みつめるのは、〝ほんの何秒か〟でOK♪　決して、長くやる必要はありません。そのかわり、〝頻繁《ひんぱん》に〟注目すること！　それが効果を出す秘訣です！

「なにかとそれを想ってしまう♪　でも、一瞬だけなんだけどね」

そういう状態のあなたが、まさに、ほしいもの、叶えたいこと、なりたい状態になるのを、簡単にさせるのです!!

「パワーハウス」は、いつでも、あなたが一瞬だけど頻繁に注目するものを、〝望んでいるもの〟だと受け止め、自動的に「オーダー」処理し、あなたに届けるのです！

そもそも〝象徴〟には、それ自体に、〝それが何であるのか〟を示す重要な情報が入っています！　また、〝象徴〟には、それを見る人のすべての思いや憧れや目標がギュッと集約されており、とてつもないエネルギーを含んでいます！

あなたが何かを見るたび、うっとり魅了されるたび、その濃厚なエネルギーは一気に、「パワーハウス」に流れ込み、最強の惹き寄せ力を楽に働かせるのです。

しかも！　ありがたいことに、あなたが願いや夢に向かって奮闘している中で、気持ちがくじけそうになったり、失敗することがあったりしても、その〝象徴〟が、そこに込められた意味と自分の気持ちを、ハッと思い起こさせ、あなたがダメになるのを防いでくれます！

さて、〝象徴〟は、ほしいもの、叶えたいこと、なりたい状態のある、自分の人生の一場面を担《にな》っており、それは、ストーリーの断片のような役割をしているものです。

断片は、必ずその全体の一部であるだけに、やがて、パズルのピースが一つひとつはめ込まれていくかのように、完成した全体像を、あなたに届けてくれます♪

そして、その断片を、ひとつひとつ、つなぎあわせるためのあらゆる方法、独自のやり方、確実に叶える力を「パワーハウス」は、持っているのです！

新聞紙の「札束」が本物になる☆100万円の束の魔法ワーク

あなたの中の魔法の館「パワーハウス」には、とても融通《ゆうづう》の利く、寛大《かんだい》なところがあり、ときには、あなたが〝おふざけ〟の過ぎるジョークのようなやり方で何かを望んでも、それを「よし！」とし、叶えてくれるところがあります。

そう、**たとえば、あなたが〝新聞紙〟を「お札」の〝象徴〟にしたとしても、それを本物にして、惹き寄せてくれるというような♪**

この「パワーハウス」の不思議な働きを活用すべく、私はあるお遊びを通して、大きなお金を惹き寄せたことがあります。しかも、何度も！

そのお遊びとは、ズバリ！　「新聞紙で100万円の札束を作る」というもの！
それをやるたびに、本当に、思いもよらぬところからお金が入ってくるので、毎回、びっくりします。

というわけで、やり方をお伝えしましょう。用意するものはハサミ、のり（両面テープでもいい）、厚紙（または画用紙）、新聞紙、色紙（使うのは黄色のみ）です。
まず、厚紙を1万円札と同じ大きさにカットし、それを新聞紙にあてて、100枚カットします。次に、黄色の色紙で、幅1・5センチ、長さ24センチの帯をつくります。新聞紙でつくったお金100枚を黄色い帯で、ぐるりと囲み、のりで留めます。
その新聞紙の束の一番上と一番下に本物の一万円札を挟み込みます。

これで、見た目は、しっかり100万円の札束♪

これを、よろこばしく、なでなでし、好きなだけさわって遊んでください。なんなら、一番上のお札の匂いもかいでみてください。

そのとき、100万円というお金で必要なものを買ったり、やりたいことをしている様子を、イメージしてみてください。そのときの、うれしい気持ちも充分、味わって。

できれば夜は、ベッドの枕元に置き、うっとり眺めてから寝る習慣を♪

これをいつまでやるかって!? その日数や期限をあらかじめ決める必要はありません。なぜなら、どのみち、毎日そんなことはしていられないと、〝あきる〟日がくるからです。そして、あきてもらって〇Kです! とにかく、そのときまで、枕元にありさえすれば、あなたは寝る前、チラ見くらいはするでしょう。それが重要なのです! なんなら、最後は、もうそれだけでもいいのです!

そんなお遊びをよろこんでしていると、不思議なことに、ほどなくして、あなたに、思いもよらぬところから、思いもよらぬお金が、ひょっこり入ってきます!

そうして、やがて、100万円といわず、その何倍ものお金をあなたは手にする人になるのです! 「パワーハウス」の魔法によって!

あなたのお財布が「札束」で分厚くふくらむ秘密

もし、もっとリアルに〝お金持ち気分〟を満喫し、実際に〝もっとたくさんのお金〟を持ち歩く人になりたいというのなら、次のアクションをどうぞ♪

それは、**あなたが〝ふくらませたい分厚さ〟になるくらいの量の本物のお金を、一度自分の財布に入れてみる！　というものです。**

30万円くらいは常に持ち歩きたいという人は、実際に、財布に30万円入れてみてください。常に100万円はある人でいたいというなら、銀行に行って、定期でもおろし、一度、本物の帯付きの100枚の札束にお目にかかり、それを自分のお財布の中に入れてみくださいい。

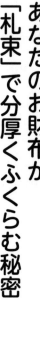

それを実際にやってみると、あなたのいま使っている「お財布」が、大金を夢みる自分にふさわしいかどうかが、リアルにわかります！　また、あなたに金運があったのかどうかも！

夢のキャパより小さいお財布や、金運のないお財布だと、1万円札を30枚入れただけで、チャックやボタンがしまらず不格好になったり、たくさんのお札を入れると、お札が折れたり、曲がったりする、というのがわかります。

また、100万円の札束を入れようとしても、そもそもお財布のツカが狭すぎて、まったく収まらないか、無理やり入れたとしても、ふたができず、落としそうであぶなっかしかったりします。

さて、お財布に大金を入れたら、しばらく、持ち歩いてみてください。

そのお金は、実際には「使わない」かもしれません。「使いたくない」かもしれません。ただ、「持っているだけ♪」でいいわけです。

それは、あなた自身とお財布に、〝大きなお金の波動〟を覚えさせ、そのエネルギーにみあったお金を惹き寄せるためだけに、しているだけのことです。それゆえ、持ち歩いて気がすんだら、また銀行の口座に戻せばいいのです。

もし、ほんのしばらくの間だけなのに、お財布に大金を入れたとたん、なんだか心配になったり、落としたら怖いと思ったり、こんな大金を持っていると物騒だなどと、ネガティブな反応しか出ないとしたら、金運とは縁遠いものです。

本当に、この時点で、あなたが大きなお金を惹き寄せるつもりでいたとしたら、あなたは、大金の入ったお財布を持っても、恐れも不安もなく、むしろ、「うれしい♪」「いまの私に、ふさわしい♪」と感じ、気持ちよくいられ、安心するものです。

この感覚になれたら、しめたもの！

「パワーハウス」に「あっ、この人は、大金を持つにふさわしい人だから、もっと大金を運ばなきゃ」とインプットできたことになります！　すると、続いてあなたの現実に、お金が惹き寄せられてくるのです。

五感をフル活用するほど、叶う〝確実さ〟は増す！

新聞紙で100万円の札束を作るというお遊びや、大金を一度お財布に入れてみるというお遊びには、願望実現のための大切な要素がたくさん含まれています！

そもそも、**それを見る（うっとりみつめる行為・ビジュアルの作用）ほど、ダイレクトに脳やイメージや感情に訴えかけるものはありません。**

しかも、見るという視覚に加え、手でなでるという触感や、お金の匂いをかぐという嗅覚、「必要なお金は手に入る」という期待やよろこび、「いま、ここにお金がある」という安堵する感覚が合体するとき、それは、もう、事実と変わらないわけです、「パワーハウス」にとっては！

「パワーハウス」は、〝疑似《ぎじ》体験〟と〝現実〟を区別できません。ただ、それを本当のことだと受け止め、その現実を再現し続けるだけです。

それゆえ、五感をめいっぱい使って、ほしいものや叶えたいこと、なりたい状態に向き合えばいいだけです♪

そうすれば、現象化は、あとは時間の問題なだけです。その時間の問題を、早めるのか、遅らせるのかは、あなたの協力次第です！

結果の現象化を早めたい、確実にしたいというのなら、あなたがすべき協力は、「パワーハウス」に良い感情エネルギーを注ぐことです！ よろこびや豊かさ、安堵《あんど》感、満足感などを、自分がしっかり味わうことで。

まだ、何も起こっていないのに、そういう気持ちや良い気分にはなれない、というのは、大問題です！ 「気持ちすらつくれない」というのは、「パワーハウス」に「協力しない！」と言っているのと同じだからです。だとしたら、何も起こらないことに文句を言わないでくださいよ。

そもそも、**「パワーハウス」という魔法の館は、全自動で動いており、そのための電池の充電は必須です！　その充電は、いつでも、あなたの送り込む〝良い感情〟というエネルギーを通してしか、なされません。それをわかっていてほしいのです。**

ちなみに、まだ何も起こっていなくても、良い気分になれるという人は、「どのみち、それは、そうなるのだから」と受け止め、「パワーハウス」を信じているという人です。それが「そのつもりでいる」ということでもあり、それによって、そのように「パワーハウス」になされるだけなのです。

好きな人・会いたい人は、画像スキャンで惹き寄せる♪

魔法の館である「パワーハウス」の「最強の力」は、〝イメージ〟や〝象徴〟となるものを見ることで、たやすく働きます！

ここでは、あなたの、好きな人、会いたい人を惹き寄せる方法をお伝えしましょう！

そのやり方は、いたってかんたん♪

あなたの会いたい人や好きな人の写真や携帯動画やＹｏｕＴｕｂｅを、ただ、よろこんで、うっとりみつめるだけでＯＫ！

その際、いま、まさにその人が目の前にいるかのような感覚になることが大切です。すでに、〝会っている〟気分になり、その、うれしさや幸せをかみしめてください。
実際、彼に会えたら、どんなにうれしいでしょう！　その気持ちに、いま、なるのです。
もし、いま、この瞬間、あなたがその本人と一緒にいるかのような気持ちになれたとしたら、きっと、あなたは、ほほえんでそれを見ているか、きゅんとなるか、愛しさがこみあげているものです。

もし、その本人の写真や携帯動画などが手元にない場合は、その人によく似ている芸能人や著名人の画像や動画でもＯＫ！　あるいは、その人を連想させるものなら、何でもＯＫ！　かつて、その人からもらったものや、一緒に行ったことのある名所の写真を見るのでも、いいでしょう。

何かをその人の〝象徴〟として、見ることで、あなたの中に、その人への想いが喚起され、そこからすべてが始まるのです！

その人によく似た芸能人や著名人をみつめながらも、あなたの好きな人や、会いたい人へと、想いをはせます。また、何かしらの〝象徴〟をみつめるときも、同様に、その本人に想いをはせるわけです。

似ている芸能人を見ながら、「この人、ほんとうに、あの人に似ている♪　このムードが素敵」「会いたい人に会えたような気分で、うれしいわ♪」「なんだか、彼と一緒にいるみたい♪」というように！

とにかく、本人の写真や動画であろうと、似たものや、象徴であろうと、何を見るのかは問題ではありません。要は、みつめることを通して、あなたがどれほど、〝彼と一緒にいるときのような、うれしい感情を得られたか〟が、重要なのです！

気持ちをつくれたら、みあった現実は、すぐにやってきます！　逆に、気持ちの上でそうなれないものは、ほど遠いということです。

人は、自分が気持ち的にそうなれないものを得ようとは思わないからです。そのとき、「パワーハウス」も、然《しか》りです！

さて、みつめるというとき、決してやってはいけない注意点があります。それは、その人のことを強く思いすぎたり、自分の念を入れたりしないということです。

たとえば、写真や動画をみつめながら、「私はこんなにもあなたに会いたがっています！」「この好きな気持ちをわかって！」「愛しています！　だから、あなたも早く私を愛してください！」「どうか、こちらをふり向いてくれますように！」などと、自分の執着や重たい気持ちやエゴ丸出しの個人的な気持ちを込めないように！

そんなことをすると、みつめているとき、重たいエネルギーが発生し、「パワーハウス」にも重さや苦しさが伝わり、良い結果にはならないものだからです。

大いに〝錯覚〟してください☆ そこにある気持ちが実を結ぶ

ここでは、〝あなたの勝手な思い込み〟〝おめでたい考え〟も、願いを叶える重要な要素となるということについて、お話ししましょう。

たとえば、あなたに会いたい人がいるとします。そのとき、あなたがその人に一方的に会いたいのであり、片想いであり、相手が遠い存在であるのだとします。

しかし、そんなことには関係なく、あなたが彼を連想できるものや象徴となるものをみつめ、〝彼に会えたよろこび〟〝彼が目の前にいるうれしさ〟〝二人でいられる幸せな気分〟を味わえたら、「パワーハウス」は、その感覚が生み出すエネルギーを受け取り、やがて、本物の彼を目の前に連れて来てくれます♪

幸せな気分にひたり、相手と自分が、いま、〝つながっている〟という感覚でいて、安堵するとき、奇跡は起こります！

こういう行為というのは、ある意味、〝錯覚《さっかく》の世界〟です！　しかし‼　「パワーハウス」には、〝錯覚の魔法〟というものがあり、何かと何かを勘違いし、錯覚していることですら、具現化する働きがあるのです！

たとえば、あなたの惹き寄せたい好きな人がケンジ君だとしましょう。しかし、あなたはケンジ君の写真も携帯動画も持っておらず、これといってよく似た芸能人もいないのだと。けれども、しいていえば、ケンジ君はちょっぴりゴリラに似ているとします。

そのとき、あなたが、〝ゴリラ〟をケンジ君の〝象徴〟にしたとします。まぁ、ケンジ君にとっては、失礼な話ですが（笑）。

そして、図鑑にあるゴリラのイラストや写真、インターネット画像、ＹｏｕＴｕｂｅ

動画などで、ゴリラをみつめるたびに、ケンジ君を連想し、せつなく、きゅんとなり、恋する気持ちを募《つの》らせ、まるでケンジ君本人と会っているようなうれしく、幸せな気持ちになるとします。

「このがっちりした体つきがなんとも素敵よ、ゴリラさん、おっと！　ケンジ君♪」

「ゆったりとしたその動作に、包容力を感じるわ、ケンジ君」などと。

すると、「パワーハウス」は、あなたがゴリラをみつめてよろこんでいるのか、ケンジ君をみつめてよろこんでいるのか、その区別がつきません。

ただ、ゴリラ＝あなたの会いたいケンジ君だと理解し、ちゃんとケンジ君を惹き寄せてくれるのです！　これ、すごすぎ～!!

もう、〝象徴〟が何であるのかは、ある意味、問題ではありません。

いつでも、肝心なことは、何をみつめようと、〝その対象から、あなたが何を想定し、どのような感情や感覚を生み出したか〟が、「パワーハウス」にとっては重要だったということです！

奇跡の再会☆元カレが戻ってくる幸せな方法

見るだけで、惹き寄せる♪　という、この超シンプルで、最強にすごい「パワーハウス」の力が働けば、あなたの忘れられない元カレさえ、戻ってくることがあります！　そんなことが最近、私にも叶い、びっくりしました。もう、このことは、書かずにはいられません！

とにかく、奇跡としか、いいようがありません♪　なぜって、「もう二度と、今世では会えないだろう」と思っていた、相手だったのですから。

当時は、お互いの未熟さゆえ、大ゲンカばかりしていました。最後、私が電話をしたときには、着信拒否がされていたことで、もう、ＴＨＥ《ジ》・ＥＮＤ《エンド》になったのです。

ところが、その彼が、なんと‼　自分からわたしを探し、「会いたい」と言ってきたのですからねぇ〜。あの頑固な彼の性格からするとありえないことです。

とにかく、別れたあと、あまりにもつらく、私はすべてを忘れてしまいたいと、彼のいる街からもっと遠くへ離れた場所に引っ越し、携帯番号もメールアドレスも変え、二度と彼とつながれないようにしたものです。そうでもしないと、未練たらしく彼からの連絡をしつこく待ってしまいそうだったからです。まぁ、ただ待ったとて、なにも変化はなかったでしょうが。

そうして、泣いてばかりもいられないと、私は立ち直るためにあらゆる癒しと方法を自分に試したのです。しかし、心の痛みとさみしさは、なかなか消えませんでした。何年もの間、彼を思い出すたびに、胸が痛くて張り裂けそうで、そのうえ、女としても自信喪失していました。

そんな私が、今回、彼との〝奇跡の再会〟に至ったのは、この「見る」という行為を通して、「パワーハウス」の魔法力を刺激したことが、きっかけ♪

本当に、他には、どんな手も使っておらず、どんな作戦にも出ず、どんな行動にも及んでいません！

しかも、このやり方のすごいところは、彼と別れたのは8年も前ですが、この「見る」ワークをしてから、再会までの期間は、ほんの10日くらいだったということ。「パワーハウス」は、この一件で、つらい8年の年月さえ、帳消しにしたのです！

実は、このことが起こる1年半くらい前から、なぜか私は彼のことを思い出しても胸の痛みがなく、まわりの人にも、彼との思い出を笑って語れるほどになっていました。それは、私自身の仕事がさらに楽しいものとなり、充実しており、素敵な交友関係も増え、楽しい日が多くなっていたからでしょう。

人は、幸せな気分で過ごせるようになると、過去のすべてを肯定でき、現在を明るい気持ちでみつめられ、未来にも希望を感じられるものです。

私は彼と別れたことも、その時のお互いにとってはそれはそれでよかったのかもしれないと思え、心の中ですべてに感謝できるようにもなっていました。そんな中、心の余裕からか、ふと、なつかしさを覚え、「会いたいなぁ♪」と思うようになっていたのです。

とはいうものの、自分は携帯を変えた際、彼の電話番号やメールアドレスを削除しており、連絡する術はありませんでした。会いたいと言ったところで、自分から連絡するなんてことは、タブーだとも思っていました。

それゆえ、〝こんなにも、いま、心が平和になったのだから、もうそれだけでいい。きっと、縁があれば、いつか、またどこかで会えるはず！　いまは、幸せだった思い出に酔い、会った気分になれるだけでいい〟と、ある〝象徴〟を見ては、彼に想いをはせていたのです。

その〝象徴〟とは、彼によく似たある大物ミュージシャンの動画でした！

いつからか、その大物ミュージシャンを見るたびに私は、どことなく彼の面影《おもかげ》を感じていて、「似ているなぁ」と思うたびに、なぜか、彼本人を見ているかのような感覚になり、胸がきゅんとなっていたのです。

それは甘く心地よいもので、「もっと見ていたい」という気持ちにさせました。それゆえ、私は、自分の部屋で、夜寝る前に、その大物ミュージシャンの動画を楽しんでは、〝大好きだった彼〟と〝幸せな頃の自分の気持ち〟を思い出し、なつかしんでいたのです。

そんなことを毎晩、ほんの何分かしていました。しかし、何日か経ったとき、突然、「もう、いい」という気持ちになったのです。

動画を見て、彼を想うことに、あきたというか、満足したというか、お腹いっぱいいっぱいの感覚になったのです。それと同時に、それまで高めていた、せつない気持ちや、あふれる思いが、急に静かに、おだやかになっているのを感じました。

そして、それ以来、パッタリ動画を見なくなったのです！

この〝パッタリ見なくなった〟状態こそが、「パワーハウス」に願望を無事送り届け、受け付けてもらえたという、サイン！

それから4日ほどしたある日、パソコンをひらくと、なつかしい友人からメールがきていました。その人は、私と彼の共通の友人。そして、そこには、その友人の近況が長々とあり、最後にこう、ひとこと、言葉が付け加えられていたのです！
「さて、こちらの近況報告はこれで終わりです。ひとつ、肝心なご連絡を！
○○が（私が好きだった彼の名前）が、なみさんの電話番号とメールアドレスを教えてほしいと、言っています。教えていいですか？」と。

それを読んだとき、「えっ!? うそ？ 彼も私を思い出したってこと!?」と、まず、そのことが感動でした。そして、こちらが新しい連絡先を伝えていいと友人に返事をしたことで、彼から「会いたい」と直接連絡があり、〝奇跡の再会〟となったわけで

す！

ひぇ～！　こんなことがあるでしょうか!?　って、あったんですよ、これが♪

何度も言うようですが、この一件に関して、**私は、「見る」こと以外、直接、当の本人の彼に対して、どんな手も使っていませんし、どんな手段もとっていませんし、何も自ら行動を起こしていません。**

ただ、していたことといえば、彼を懐かしみ、YouTubeで彼によく似た大物ミュージシャンをうっとりみつめ、幸せな想いにひたり、感謝していただけです。〝すでに会っているかのような気持ち〟になって♪

“卒業アルバムを見る”☆すると、懐かしい人も突然やって来る!?

実は、あるとき、私は、高校時代のアルバムをひっぱりだしてきて、仲良しだった友人のことをみつめていました。なぜか、突然、ふと懐かしくなり。「ああ、楽しかったなぁ、あの頃は～♪」と、ひとり心を青春時代に戻して。

そうやってアルバムの写真をどれくらい見ていたでしょうか……。それでも、ある日、またその行為にあき、パッタリと見なくなり、彼女のことも、すっかり忘れていました。

すると、ほどなくして、秘書から、私のパソコンに連絡が入りました。「ファンの方とは違うと思われる人から、メールが届きました」と。そして、ホームページの

「お問い合わせ」のフォームに入った、そのメールが転送されてきたのです。
それは、なんと！　あのなつかしい高校の友人からではありませんか!!　しかも、そこにはこう書いてあったのです！

「突然のメールで失礼いたします。実は、わたくし、○○高校のN子と申します。○○ちゃん（私のあだ名）が作家になったというのを風の便りで聞きました。私を覚えていますか？　なつかしくて、会いたい気持ちでいっぱいです♪
実は、こちらは大学卒業後、海外に移住していました。が、主人の転勤で、先月、日本に戻り、東京に引っ越ししてきたんです！　もし、よかったら、会ってもらえませんか？」と。

そして、そこに、彼女の携帯番号とメルアドがあったのです！

さっそく連絡したことで、私たちは本当に何十年ぶりかで、突然、〝感動の再会〟を果たすことになり、いまでは、なにかとすぐに会える、うれしい日常の友に♪

さて、それにしても、「見る」だけで、誰にでもそんなことが起こるのだとしたら、あなたもすぐに試したいと思うことでしょう。

そこで、あなたにもお試しいただき、しっかり結果を得ていただくために、「パワーハウス」のしくみについて、Ｃｈａｐｔｅｒ３より、お伝えしておきましょう！

それを読んで、理解し、しっかり効果を出してくださいね♪

Chapter

3

まるで五次元☆
ポンッと結果が現れる秘密

ここは、あなたの知らない世界。
でも、あなたは既に使っていた!?

パワーハウスは、「五次元的☆願望実現」をたやすく行う

それにしても、なぜ、「見る」だけで、それが現実になるのか？

それは、「パワーハウス」が、「五次元的☆願望実現」を起こす領域であり、その領域にほうりこまれたものを何でも具現化してしまう働きがあるからです！

ちなみに、〝五次元〟とは、どういう世界？　それは、「結果」と「原因」が同時に存在する〝時空を超えた創造的エネルギー空間〟です！


そこにアクセスすることで、人は、ほしい「結果」を、前もって創ることができ、いま、この場に、惹き寄せることができるのです！

それはとりもなおさず、あなたが未来の「青写真」をつくり、その「青写真」を「パワーハウス」が「現像」して、現実にもたらすという感じです。

そして、何を隠そう！　この「五次元」に「青写真」を送る方法こそ、あなたがほしいもの、叶えたいこと、なりたい状態を、思考し（意図し）、心の中でイメージし、良い感情を注ぎつつ、「見る」ということだったのです！

あなたが、「見る」ものに、生の感情を注ぎ「わがこと」のように感じ取るとき、あなたの五感のすべてが「パワーハウス」に刺激を与え、魔法を働かせるわけです。

さて、私たちが住むこの世界は、「三次元」の世界です。そこでは、何かを思ったり、イメージしたりしたとしても、それが現実になるのには、かなり多くの人間や手間暇や時間や行動を要するものです。

ときには、誰かや何かを必死にさわらないと、物事を動かしようもないとさえ思える、何かとやっかいで難しい、自分だけではどうにもならない世界であると、思えてしまうものです。

ところが、「パワーハウス」の「五次元」の領域は、そうではありません♪

五次元の魔法を働かせるためにあなたがさわるべきものは、あなたの環境でも、まわりにいるやっかいな人たちでもなく、あなた自身の〝エネルギー〟だけなのです。

そのエネルギーを生み出すものこそ、あなたの思考とイメージと感情をさわることなのですが、それを一瞬でやってのけるものこそ、この「見る」という行為だったのです！

その「見る」行為を通して、「パワーハウス」をうまく刺激できたとき、あなたが何をする、しないに関係なく、勝手に環境が変わり、必要な人や資金が惹き寄せられ、起こるべき出来事が起こり、日常が変化し、望む状態になっていくのです♪

見ている〝対象〟ではなく、見ている〝気持ち〟が重要だった！

「パワーハウス」が「五次元的☆願望実現」の領域である限り、そこにあなたのエネルギー（思考やイメージや感情を通して生み出されたエネルギー）を注ぎ、未来の「青写真」をつくるなら、どんなものも叶えてくれます♪

「パワーハウス」には、あなたが、よろこばしく、うっとりと〝みつめたもの〟を惹き寄せるという、不思議な機能があるわけです。

ですから、とにかく、ほしいもの、叶えたいこと、なりたい状態があるのなら、それを心の中のイメージとして、あるいは、可能な限り現物として、「見る」ことです。

念のために、いま一度お伝えしておきますが、ただ、たんに何かを無関心に見たり、ボーッと意味なくながめたりするだけでは、何も起こりませんよ。

見ているものに興味津々になり、好意的に、良い感情で、愛しく、〝みつめる〟ことで、単なる「見る」を、エネルギー的に進化させ、「見る」をより高次元の行為にするわけです。そうやって、みつめたものを、〝わがこと〟として受け入れたとき、魔法が働き、それがあなたのものとなるのです！

このとき、あなたが〝何を見ているのか〟はあまり問題ではありません。むしろ、〝どういう気持ちで〟みつめているのかが、とても重要なのです！

とにかく、手にしたいなら、よろこばしく、うれしく、楽しく、愛しく、わくわく、です！　先にそういう気持ちでいる必要があるのは、どのみち、それをあなたは後で受け取ることになるからです。

ちなみに「パワーハウス」の魔法は、あなたがみつめているものを「ほしい！」と思うことで発生するのではありません。また、「ああ、これはまだ私の手に入らないものだけど、憧れているものだから、見ているだけでうれしいわ」などと思うことで、発生するのでもありません。

正しくは、「これは、私のもの♪」だからうれしい♪と、〝すでに手に入った〟気になることで発生するということです！　その状態こそ、結果と同調するものであり、やがて、そういう現実がやってくるものです！

いいですか！　何かを見ながら、「ほしい！　ほしい！」と懇願したり、「何が何でも手にしたい！」と執着したり、「神様、お願いします!!　これをなんとかしてください!!」とみじめそうにすがったりしてはいけませんよ。

そんなふうに願っていたのでは、なかなか手に入りません。いや、それどころか、逆に遠ざかるだけです。というのも、それというのは、「これは、いま、まだ、私のものではない」という、〝ない〟という欠乏感のエネルギーでいっぱいだからです。

そうではなく、たんに「これは、私のもの♪」として、見ていればいいだけです。自分のものだとわかっていれば、何を見ようが人はわざわざ「手に入りますように！」などと願うこともなく、ただ、よろこんで、安堵し、そのつもりでいるだけです。

「みつめる時間」はどのくらい？「やめどき」はいつ⁉ その「完了」のサイン

超シンプルな「見る」という行為を通して、ほしいもの、叶えたいこと、なりたい状態を、現実のものにしたいというとき、いったい、何分くらい、そうしていればいいのでしょうか？

ズバリ、答えは、**ほんの何秒かでＯＫ！　ということです。決して長い時間やる必要はありません。しかし、連続的に、〝頻繁に〟やります！　その一瞬のフラッシュゲームの刺激に、「パワーハウス」の魔法が働きます！**

さて、たとえば、自分にほしいものや、叶えたいこと、なりたい状態があるとき、意識せずとも、無意識的にそれをふと思い浮かべたり、勝手に思いがよぎったりすることは、日常的にあることでしょう。そういうことをあえて、意識的に、するわけです！　ちなみに、〝あなたが意識したところ〟にエネルギーは流れます！

あなたが良い思いで頻繁に何かを意識すれば、それだけそのエネルギーが「パワーハウス」にたくさん注がれます！

ほんの一瞬、ほしいもの、叶えたいこと、なりたい姿を「見る」だけで、あなたは叶えるための、かんたん、かつ、重要な任務をひとつ果たしたことにもなるのです！

しかし、いったい、それをいつまでやればいいのでしょうか？

その「やめどき」はいつなのでしょうか？

答えは、「ああ、もうこのこと、あきた～」というような、「もう、いい」とその行為にちょっとうんざりするような、「これ以上、このことはほしくない」と〝お腹いっぱいいいっぱいになったような気分〟になったら、やめるということです！

何を隠そう！　この〝お腹いっぱいいっぱいになった感覚〟、パッタリそのことをしなくなったというときこそ、「やめどき」であり、「パワーハウス」に願望がカチッとセットされ、叶えるためのだんどりに入ったというサインです！

満腹になったら、もう食べられません

さて、なんでもそうですが、「やめどき」を過ぎてもなお、あなたがそれをし続けようとするのは、難しいものです。というのも、あなた自身、それ以上、それをする必要をもう感じませんし、それゆえ、できないからです。

ですから、ほしいものや叶えたいこと、なりたい状態を「見る」というとき、「やめどき」がわからないということは決してありませんし、「やめどき」がこないということもありません。

とにかく、ワークは、「いやけ」がさすほどする必要はなく、ただ、軽く、「もう、いい」というときがきたら、あるいは、自然に自分がそれをやめたくなったり、離れたりしたなら、その自然な気持ちや状態にまかせていればいいだけです。

ちなみに、「やめどき」に現れる、この「もう、いい」という感覚は、毛嫌いするようないやな感覚や、強い抵抗感というのでは、ありません。

どちらかというと、「もう気がすんだ」「すべきことをした」「もう、わかった」「これでいい」というような、〝満足感〟に似た感覚です。

そこには、かすかに、「まぁ、そうなるだろう」という確信めいたものや、うれしい予感、あるいは、何かをやりきったようなすがすがしさがあるものです。

ちょうどそれは、あなたがご飯をお腹いっぱい食べたときに、〝ごちそうさま〟と満足して、お箸を置くのと似ています。

そのとき、実際、満たされたわけです！　あなた自身、そして、「パワーハウス」のほうでも、具現化に必要なエネルギーが！

結果を「確実」に迎えるために！

「見る」というワークをし始めて、そのあと「やめどき」を経験したら、たいがいは、ほしいもの、叶えたいこと、なりたい状態は、ほとんど翌日か、あるいは、４日後～10日後くらいでやってきます！

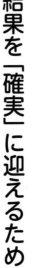

そして、**ここにある重大な秘密は、その「やめどき」のあと、あなたが〝どんなふうに過ごしていたのか〟にあります！**

つまり、「やめどき」から、叶うまでの日、早くて丸一日、あるいは４日～10日くらいまでの間に、あなたが何をし、どんな心的態度で、どんな波動を放って日常生活をしていたのかで、「パワーハウス」の働き方も変わり、結果を確実にするか、おじゃんにするかが、決まるということです！

そのためにも、「やめどき」のサインがきたら、そのあとは、ふつうの日常にあるあなたの仕事やなにかをいつものようにふつうにやってください。行くべきところに行き、すべきことや目の前にあることを淡々とやることです。

そのとき、そこにある現実は、ほしいもの、叶えたいこと、なりたい姿とはまだほど遠い、何の変哲もない、いつもと変わらぬ日常かもしれません。

が、そう思うのはまちがいです！　というのも、すでに、すべては水面下で動きだしているからです。「パワーハウス」を通して！

それゆえ、動き出した「パワーハウス」を強力にサポートすべく、「私は、それを持っている♪」「それをしている♪」「もう、そうなっている♪」という心的態度を固くキープしてください。そのエネルギーキープが、なにより重要なものとなります！

そうなったつもりで「買い物」をし、意味ある準備をしなさい

ほしいもの、叶えたいこと、なりたい姿があるとき、〝そうなったつもり〟でいるだけで、ほとんどそれは本当にそうなるものです。しかし、さらに、確かなものにしたいと、そこから何か具体的な言動をとったり、必要なものを買ったり、関係するものをそろえたり、そばに置くとき、それは〝意味ある準備〟となり、「パワーハウス」を大いに刺激し、具現化を早めるものとなります！

さて、「奇跡の再会☆元カレが戻ってくる幸せな方法」（P・95）でもお伝えした通り、私の場合、別れた彼に「会いたいなア」とふと思い始めたとき、彼の〝象徴〟となる、彼によく似た大物ミュージシャンの動画をみつめるワークをしたわけです。

そのたびに、〝すでに彼に会っている♪〟ような錯覚にさえ、なっていたわけです。

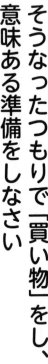

そのうれしく幸せな気分を満喫することにあきて、「やめどき」がきたとき、それをやめました。そして、「やめどき」を迎えたあと、不思議となぜか、「本当に、また彼に会えるのかもしれない♪」という圧倒的ないい予感がありました。もう、勝手に〝そうなるつもり〟でいた私はなぜか、〝彼に会うことになったら着ていく洋服〟を、買っておきたい気持ちにさえなり、素直に買いに行ったのです。なんとも気の早い話で、おめでたすぎる行動なわけですが。

そうやって、現実的に、その日を迎えるために必要な準備をしていたのです。「彼との再会の日は、白のワンピースを着ていこう♪」と。

そして、それが日常的に視界に入るよう、ハンガーにかけ、部屋の中の一番目立つ場所につるしていたのです。ついでに、美容院にも行って、髪をカットし、美しく染め直しもしました♪

これって、実際、彼と会う予定があるときに、ふつうにやっていることだなぁと思ったし、私はなんだかすでに「彼とデートの約束をした」気にさえなっていました。私が錯覚するのですから、当然、「パワーハウス」のほうでも、そうなっているわけです！

もちろん、いうまでもなく、その段階では、なにも起こっていません。しかし、そうやって、私は、すでに勝手に、〝再会の瞬間〟に進んでいたのです！　気持ちと、行為とエネルギーのうえで！　それは、本当にめでたい錯覚でしかなく、自分の中でだけ「完全完結」した世界です。

そんなふうに、私が錯覚していることは、「パワーハウス」も当然、錯覚しており、「あっ、そういう予定だったわ！　急がなくちゃ！」とフル回転して、あらゆることを準備するわけです！　なにせ、こちらの心的態度が先行し、徐々に状況が再会に向けて整えられていっているわけですからねぇ〜。そりゃ、「パワーハウス」もあせるでしょ。

なぜって、「結果」を連れてくるのは「パワーハウス」の仕事で、こちらにどんどん急がれたら、たまったものではないと、追いついていくしかなくなるわけですからねえ。

〝そうなったつもりでいる〟のはあなたの仕事で、結果を持ってくるのが「パワーハウス」の仕事！　また、〝そうなったつもりでいる〟ということは、〝叶うことが大前提〟の話であり、結果を信頼する〝最強の証〟です！

その証を「パワーハウス」は名誉に思い、あなたのために全力でそれにふさわしい働きをしたいとはりきり、必要なすべてを惹き寄せ、手はずを整え、叶えてくれるのです！

そうして、まったく予想もしていなかったある日の朝、彼から直接連絡があり、再会という「結果」がやってきたわけです！　しかも、驚いたことに、彼が再会に指定してきた場所は、「もし、再会が叶うとしたら、2人の思い出の〝あの場所〟がいい♪」と、私が秘かにイメージしていた、まさにその感動的な場所でした!!

「パワーハウス」のすることは、いつもパーフェクトで、それは、やりそこなうことがありません！　そのうえ、心の奥底の小さなつぶやきまでお見通しで、それさえもひろいあげて叶えるから、もう、すごすぎですぅ〜♪

ちなみに、叶えたいことのために、意味ある準備をと思っても、なんだか特定のものを買ったり、何かをそろえたり、自分の状態を整えることに、抵抗を感じ、「こんなことをしても無駄になったらどうしよう」とテンションも低いままで、そうできないというのなら、むしろ、何もしないでください。

というのも、そのときのあなたは、「見る」ワークをしたところで、何一つ、まだ結果を信じていないということだからです。

人は、そうなるつもりでいて、そうなることが信じられるときだけ、意味ある準備ができ、「結果」へと、自然につながっていけるものです！

感謝する☆
それが、すべてを手に入れる秘訣

「パワーハウス」の持つ〝なんでも叶える魔法の力〟を、しっかり発揮させるものがあります。それは、「感謝」です！

「見る」ワークをしたあと、まだ何も起こっていなくても、確かなものを受け取っていなくても、ほしいものを得たつもりになり、叶えたいことが叶ったつもりになり、なりたい状態になったつもりで、「ありがとうございます！ 感謝します！」と、先にお礼を言っておくのです。すると、「パワーハウス」から、「おかえし」が確実にもたらされます！

感謝の先取りが「結果への約束」となるのは、先にお礼を言われると、「パワーハウス」のほうでも、「叶えないわけにはいかない」というエネルギー状態になり、そのようにすべてが作用するからです！

感謝したあと、あなたは、ただ、物事が起こるままにしていればいいだけです♪

そのとき、いつ、何が、どう起こるのかを、いちいち気にする必要はありません。
また、どこから、どうやって、ほしいものがやってくるのか、どんな回路で叶い、どういう過程でそうなるのかを、細かく「考える」必要はありません。
というのも、「パワーハウス」は、それ独自のやり方を駆使《くし》するものだからです。

固い頭をこねくりまわして、結果までの全過程を知ろうとしたとて、どのみち、いまのあなたが思いもよらないところからそれはやってくるので、人智ではあらかじめ知ることはできません。

途中経過を考えるより、あなたがしなくてはならないことは、「それはやってくる！」と、安堵し、確信し、感謝することだけです！

信じていないと、「ありがとう」が口から出ない!?

人は、結果を信じているとき、当然そうなるものだと自分でも思えるので、うれしくて、先にお礼を言わずにはいられなくなるものです。

そんな、**〝感謝の先取り〟は、人から、引っ越し祝いをもらうのとよく似ています。**

たとえば、あなたが今月、まもなく引っ越しするのだとしましょう。そのとき、それを知った会社の社長が、「それなら、引っ越し祝いをあげよう！」と言ってきたとします。

しかし、あなたは、いちいち社長の言葉に「で、社長、そのお祝い、いつくれますか？」とは、聞かないわけです。そんな失礼なことを聞くわけにはいかないし、祝いを〝催促〟するわけにもいきませんからねぇ〜。

けれども、社長がそう言う限り、そうしてくれるというつもりでいるし、そうなると思い込んでいるわけです。

お祝いがやってくるのは、いつのことかはわからないし、直接、この手に受け取れるのか、はたまた、振込みでやってくるのか、何かしら品物が家に届くのか、さっぱりわからなくても、あなたは社長の言葉を信じているからこそ、そのお気持ちに対して、「ありがとうございます」と、先に感謝やお礼の言葉を言うものです。

すると、ほどなくして、社長があなたに引っ越し祝いをくれることになるわけです。ある日、「ああ、君、ちょっと」と呼ばれたかと思うと、3万円の入った赤白の水引の封筒を会社で手渡されるという形で♪

最初、社長は、社交辞令で祝いをすると口走っただけかもしれません。ジョークだったかも、です。もしかしたらお祝いする気など、さらさらなかったかもしれません。

しかし、あなたに素直によろこばれ、先に感謝された手前、そうするしかなくなったのです。「あんなによろこばせてしまったのだから♪　まぁ、しかたない。何か、本当に祝ってやるか」と。

そんなふうに、相手のほうでは、あやふやだったことを、未来のほうでは、まだ未確定だったことを、あなたの感謝の先取りが「確実」にしたのです！

いつでも、感謝の先取りをすると、「パワーハウス」は、強制的に叶えるのです！　あなたの待ち望む「結果」を♪

憧れの会社・したい仕事に、リアルにふれる

あなたに入りたい憧れの会社やつきたい夢の仕事があるのなら、その会社や仕事に関連するものを、自分のそばに置き、「見る」習慣を持ってみてください。

その会社のロゴマーク、関連商品、テレビＣＭ、イメージキャラクター、イメージカラーなど、その会社や仕事の〝象徴〟となるものなら、なんでもＯＫ！

また、「見る」ものを現象化させるサポートとして、そのしたい仕事で使うことになる何かしらの道具や、関連グッズがあれば、惜しまずそれを買ったり、使ったりしてみてください。それによって自分がわくわくし、クリエイティブになっているのを感じとってみてください。

とにかく、そうやって、したい仕事をしている自分を、心の中でひとめ見るので

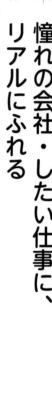

す！

憧れの会社の商品や関連物で、いまのあなたにも購入できるものがあれば、実際に何かひとつ買って、それを使ってみるといいでしょう。

もし、あなたが憧れの高級ブランドショップの店員になりたいというのなら、そのブランドのもので、買うことが可能なものをひとつくらい持ってみましょう。

もし、あなたが、人気の化粧品メーカーに就職したいというのなら、そこの化粧品を愛用してみましょう。

もし、あなたが作家になりたいというのなら、憧れの満寿屋の原稿用紙を買って、何か書いてみるか、「パソコン」で原稿を書くというのなら、それ用にパソコンを買って、実際に何か書いてみましょう。

こういった自己投資や自発的行為は、絶対に無駄になりません。憧れの会社やしたい仕事につくために、ときには、惜しまず、必要なお金や時間や労力も使ってください。

ちなみに、私は、作家になる前、ちょっと家計が苦しいときでも、本だけは、月に何十冊も買い、読みあさっていました。〝これさえあれば、生きていける♪〟というくらい本が好きだったので、時にはお米が切れてても、なんのそので、本を買っていたものです。

ひまさえあれば好きな本を読み、何か思いつくたびにノートに書き留め、テーマやアイデアを作っていました。まさに、それは創作意欲というものをわかせてくれたわけです。

結局、そうやって良い本をたくさん読んだおかげで、本とはどういうものなのかや、何を、どんなふうに書けばいいのかも自然にわかり、勝手に文章力もついたものです。

ここで私がお伝えしたいのは、作家になってから何かを準備し、使い、創作したのではなく、作家になる前から、すでにそれに必要なものを持ち、関わり、使う習慣があったから、作家になれたということです。他のことも然りです！

「現物」の持つパワーを感じ取れ！

あなたの憧れの会社やしたい仕事に関係するものが、そう〝現物〟の何かが、まず、〝自分の身近〟にあること、それを習慣的に「見る」ことができること、実際に触れられることが、それを惹き寄せるためには、とても重要なことです！

憧れの会社を思ったり、したい仕事に心をはせたりする環境が、日常にあるから、その道へとあなたは自然に導かれることになるわけです！　そうやって、「パワーハウス」の強制力を自然に刺激するおかげで！

さて、もし可能なら、憧れの会社や、したい仕事をするのにぴったりな会社があるなら、実際にその建物まで足を運び、その会社をしばし、愛しくみつめてください。

〝象徴〟となるものを見たり、持ったりするのも、もちろん効果的ですが、〝現物のパワー〟というのは、その比ではありません！　ですから、〝現物〟のそのパワーを可能な限り感じ取ってほしいのです！　「本物の波動」を♪

〝現物〟として、現実的な何かをみつめることで、心がはっきりと決まり、そこに勤める自分、そこと取引したり契約したりする自分、その仕事で活躍する自分が、鮮明になり、そうなったつもりになりやすいものです。

ちなみに、私は、本を出したい出版社があると、その出版社のロゴをみつめたり、もっとリアルに感じたいときには、実際にその出版社の建物の前に行き、2、3分みつめていました。「まもなく、ここに出入りするようになる」と、思いながら♪　そして、気がすんだら、それをやめる。

すると、そのあと、本当に！　その出版社とつながっている知人から、「〇〇出版社の担当者をご紹介したいのですが、ご興味ありますか?」と、連絡がくるか、直接その出版社からオファーがくるのです！

ほしい豪邸は、億ション☆それは、こうして現れた！

ここでは、「見る」だけで、手に入る！　という、「パワーハウス」の魔法の力の働きを、何ひとつ知らなかった私の友人のK子さんが、知らずして、「パワーハウス」の力を働かせ、夢を現実にしたエピソードをお伝えしましょう！

「パワーハウス」は、あなたがその働きを知っていようが知るまいが、とにかく、あなたが刺激してしまったなら、そうなるようになってしまいます！

彼女はいま、都内の高級住宅地の一億円のマンション、いえ、億ションに住んでいます。それは、彼女がまだマスコミ関係の仕事についていたときに、新聞の折り込みチラシでその分譲を知ったことがきっかけでした。

ある朝、いつものように新聞を手にすると、億ションの分譲の折り込みチラシが入っていました。そこには豪華で品格あふれる外観や美しい内装の写真がいくつも掲載されており、見ているだけで幸せになり、感動したものです。そして、「なんて素敵なの！　こんな家に住めたら、どんなにいいかしら♪」と、いっぺんに魅了されたのです。

けれども、価格は1億2千万円。「ああ〜、こんな価格、いまの私には不可能だわ」と、すぐに現実に引き戻されたのです。

しかし、その億ションは、あまりにも素敵で、彼女は、そのチラシを捨てずに手元に置いておいたのです。「いつか、こんな家に住めたらなあ♪」と、憧れて。そうして、毎日うっとりとみつめていたのです。まさか、それが、すべてを叶える魔法の力を「パワーハウス」から引き出すことになるとは、夢にも思わず！

それから、1カ月くらいが経ったある日、また、その億ションのチラシが入っており、そこには、「残り1戸」という言葉が入っていたのです。

「あの億ションだ！　えっ!?　残り1戸!?　うそ!?　そんなに早く完売するものなの!?」と、驚いたといいます。

そのとき、彼女は、ある不思議な気持ちにおそわれました。そう、自分が買うわけでもないのに、なぜか「残り1戸」という言葉にさみしくなったのです。そのとき、彼女は知ったのです。自分はその億ションを好きになっていて、失いたくなかったのだと！

そして、ふと、こう思ったのです。「ああ、もし誰かが買ってしまったら、もう、見ることさえできないものになる。ならば、ひとめだけでも、見ておきたい！　だって、私の理想そのものなんだから！」と。

気がつくと、彼女は、そこにあった問い合わせ番号に電話をし、「内覧したい」と申し出ていたのです。

すると、対応した男性スタッフはこう言ってくれたのです。

「もちろん、内覧だけでもかまいません。さっそくですが、○月○日なら、内覧可能となっております。いかがでしょうか？」

訪れてみると、みるみる感動がこみあげてきました。現物は、チラシとは比べ物にならないほど素晴らしく、どの部屋も理想的で、キッチンからは最高の景色が楽しめました。

そのキッチンに立ったとき、彼女には、突如、自分がここに住んでおり、そのキッチンで料理をしている姿が、イメージの中で鮮明に見えたのです！

それは、とても不思議な感覚でした。なぜって、その時点では、まだ、買えるあてなど、一切なかったからです。

内覧のあと、男性スタッフが詳細を説明してくれました。まず、年収はいまの自分の800万円なら問題はないということ。ただし、頭金は最低2500万円必要ということでした。そして、もし、購入申し込みをするのなら3カ月以内にその頭金を用意する必要があると。

しかし彼女には貯金などありませんでした。

現実的には、どう考えても不可能に思える状況。しかし、イメージの中で、すでに彼女はそこに住み、料理をし、満たされた気分で、ホッとしていたのでした。しかも、なぜか、そこには、まだ見ぬパートナーが一緒にいたのです！

ほどなくして、彼女は突然会社を辞めることになりました。それは、急な部署変えで地方への転勤を言い渡されたからです。「東京を離れるなんて、いやだ！」と。

「でも、どうしよう……。これから、どんな仕事をすればいいの？」

彼女は、もっと大きなお金を稼げる会社をと、次々に面接を受けていきました。自分のキャリアと力があれば、なんでもやれる！ と、自信たっぷりに。しかし、採用の通知が来る会社からは、これまでより低い給与を提示され、やりがいも見いだせないような部署への配属を伝えられるばかりでした。そうして、2カ月が経っても仕事は決まりませんでした。

そんなある日、家にいると、知り合いの会社の会長さまから、電話がかかってきたのです。それは、ヘッドハンティングの電話でした。

「君が会社を辞めたと聞いたのだけれど、いま、どうしているの？　ちょっと、まかせたい会社があって、話がしたいのだけれど」と。

会ってみると、それは、会長が新たに立ち上げるグループ会社の「取締役」になってほしいという話でした。しかも、給与は、以前の倍を支払うと！

そんな申しぶんのない話は他にないと、仕事をしていなかった彼女はその場ですぐに「Ｙｅｓ」の返事をしたのです。

新会社の取締役に就任してからも、あの億ションのことが気になってしかたありませんでした。年収は上がったとはいえ、頭金はまだ用意できずにいました。

そうこうしているうちに、また、あの億ションの男性スタッフから、電話がかかってきたのです。内容はこうでした。

「あの物件の件ですが、実は、先日、内覧に来られた方が、購入を検討したいと本日お電話をいただきまして……。もちろん、お客様がかなり気に入ってくださっていましたので、〝先に内覧された方の申し込みのお返事待ちである〟とは、お伝えしておりますす。いかがいたしましょう？　頭金は、つくれましたでしょうか？　もし、まだだとしても、いつ頃、その資金が用意できそうか、めどを教えていただき、申し込みだけでも近日中にされるのでしたら、物件はキープさせていただくことも可能ですが」

その電話に、彼女の心は決まりました！

「あの物件は私のもの♪　他の人が住むなんて、考えられないわ！」

そのとき、ふと、会長さまに相談してみてはどうかと思い浮かんだのです。

すぐに物件のことを話してみると、会長は、

「いいだろう。君の働きぶりも認めているし、信頼している」

と、すぐにお金を貸してくれたのです。おかげで、彼女は申し込みでき、結果、その億ションに住めることになったのです！

しかも、新たな会社に就任後、彼女が思いついたある事業企画が大アタリし、会社の目標を大きく上回る高利益を出したことで、年収はなんと！　３０００万円になったのです！　そのおかげで、彼女は、会長に頼んで会社から借りたお金２５００万円をすぐに返済することもできたのです！

彼女がこの億ションのためにしていたことは、チラシをみつめ、そこに住んでいるつもりになっただけです。

すると、そのあと会社を辞めるという「進路変更」が突然起こり、「パワーハウス」がヘッドハンティングと、彼女をすべての面において助けることになる「会長」を惹き寄せたのです！

何を、どういうふうに惹き寄せれば、すんなり結果につながるのかを、「パワーハウス」は、すべてわかっています！　そして、**物事を、最も持ってきやすい回路から持ってくるのです！　あなたの望みを叶えるために♪**

「シンボリック・パーソン」とお近づきになり、なりたい自分になる♪

あなたに、「私もこんなふうになりたい♪」という、憧れの芸能人や著名人、成功者やスポーツ選手、歴史上の偉大な人物がいたら、また、自分のまわりに素敵な会社の社長さんや、なりたいタイプの魅力的な人がいるとしたら、その人を「シンボリック・パーソン」とし、「見る」チャンスを増やしてください。

「シンボリック・パーソン」とは、まさに、あなたの憧れや興味や素敵な部分、魅力、惚れぼれする特徴がたくさんある人です！

「この人のようになりたい！」「この人のようになれたら、どんなに素敵だろう♪」と、思える存在は、「なりたい自分」になることの素晴らしさを、その存在自体を通して無言であなたに教えてくれます。可能な限り、その人のそばにいくといいでしょう。

たとえば、その方が芸能人の場合、ライブやコンサート、テレビの観覧、映画の試写会あいさつなどに行き、本物に会ってください。著名人や成功者なら、セミナーや講演会、サイン会やファンの集いに行くなどして。スポーツ選手なら、競技を見て、応援するとか。もし、本物に会うことができない場合は、写真や動画や雑誌や新聞に掲載されているものを見るのも〇Ｋ！

本物の持つオーラやパワーに触れることで、あなたもその波動を感じられ、大いに刺激を受けることになります！

また、「シンボリック・パーソン」は、あなたの憧れであるがゆえに、お手本になるのはもちろんのこと、あなたをぐいぐい〝そういう人〟にも、してくれます！

お手本があると、人はそれを学びやすい

「シンボリック・パーソン」という憧れの存在を、自分のなりたい人として「手本」にする限り、その同じような本質を、あなた自身も身につけることが、なりたい存在になる近道です！

もし、あなたの憧れの人が、明るく、いつも笑顔で、親切だというのなら、自分も明るく、笑顔で、親切な人でいてください。もし、憧れの人が、努力家で、夢に向かって情熱的に動く人だというのなら、自分もそのような生き方を可能な限り真似てみてください。

念のためにお伝えしておきますが、〝真似る〟というとき、「シンボリック・パーソン」の何かを〝パクる〟のではありません。直接、何かしらのアイデアや、やってい

ることをパクったり、コピーしたりするのではないのです。〝本質的なもの〟を取り入れる、ということです。

「本質」を取り入れて、自分のものとして育めば、それはやがて本物と変わりないものになります。しかし、安易に、ただ何かをパクると、それは別の人のものであり、自分のものではないので、あなたは偽物となり、そこで終わることになります。

さて、「シンボリック・パーソン」のいいところや、魅力的なところ、認めるべき優れたところや、成功の数々は、大いに称《たた》え、わがことのように祝福しましょう！

すると、**「パワーハウス」は、その称えられ、認められ、祝福される状態を、あなたの身の上にも、もたらしてくれます。**

もっと、着るものを選びなさい

とにかく、「パワーハウス」を刺激する超シンプルで、強力なものは、〝目から入る刺激〟です。「見る」ことを通して、最も気にかけ、意識しておきたいのは、他でもない、〝自分の姿〟です！

毎日、鏡に映る自分を、しっかり理想の状態と一致させておくようにしましょう！

すると、「パワーハウス」も、当然のこととして、そのあなたの心的態度にふさわしい、素晴らしい現実を届けてくれます！

自分を、自分の望む結果に〝ふさわしいもの〟にする、最も手っ取り早い方法は、「着るもの」を良いものにすることです！ 「着るもの」を選び、より良いものに変えるほど、あなたは自分の品質まで、向上したのが、わかるでしょう！

中身はなかなか変えにくいというのなら、いっそ、外側から自分を理想の状態に仕立て上げてください。外見は、無言で多くのことを物語り、なにかと他人からも判断基準の対象にされがちですが、実は、自分自身が、一番、影響されるのです！

とにかく、もう、安物の質の悪い生地の服を着るのは、やめましょう。良い生地のもの、着心地の良いもの、お気に入りのデザイン、好きな色、顔色が明るくきれいに映える色の服を、どうぞ♪

着るものが粗悪だと、あなたは自分を低く見積もり、安く扱います。良い服を着てごらんなさい。とたんに、気分もよくなり、自分は〝それなりの人〟だと感じられ、自分に自信もつくものです！

良い服を着て、堂々とした、望むものを叶えるにふさわしい、ほまれな自分がそこにいるのを、鏡を通してよく見てください。〝これが本当の私だ！〟と認め、うなずき、こう、つぶやくのです。「なんだか、イケる♪」と。

その感覚が「パワーハウス」に伝わるとき、すべてがすんなり叶います！

Chapter

4

眠りながら、すんなり願いを叶える方法

それを確実に叶えたいなら、
とっととベッドに入りなさい

「いい気分」で眠りなさい☆それが、何より大切な約束ごと

「パワーハウス」は、24時間管理体制のある領域です。しかし、実は、あなたが眠っている時間帯に、最もあなたのために活躍するのです！

「パワーハウス」の魔法使いは、あなたの眠る〝真夜中〟に宇宙に出かけていき、望みを叶えるために必要なすべてのだんどりをします。

水面下でことを動かし、関わる必要のある人の無意識の領域にも入り込み、そっとコンタクトをとり、動かすべき事態を動かすべく、よけいなものをあらかじめ排除し、必要なものをしっかり準備するわけです。

そうして、朝、関係するすべての人の意識の上に、必要なことを昇らせます！

その人たちが、うまく連動して、自然に、つながり、あなたの願いを叶えるために

動くように！

そもそも、「パワーハウス」の魔法使いが、あなたが眠っている間に活躍する理由は、あなたが眠っているときは〝意識的な働き（理論や理屈をほざくお堅い頭の介入）〟がなく、仕事がしやすいからです。

いいですか！　あなたが遅くまで起きてごそごそしていたり、中途半端に寝ていたり、ときどき目を覚ましたりすると、非常に仕事がしにくいのです。

また、寝たとしても、なにかとすぐ起きてこられたら、いちいち仕事を中断しなくてはならず、やっかいなものです。

「パワーハウス」が完璧ないい仕事をするためにも、あなたには、毎夜、「いい気分」で眠ってほしいのです♪

そのためにも、心や体がリラックスできる寝具やパジャマを選び、快適な状態でベッドに入ってください。また、寝つきを悪くさせるものは、事前に取り除いておいてください。

覚えておきたいことは、「いい気分」で眠ることこそ、「パワーハウス」をも「いい気分」にさせ、機嫌よく仕事をしてもらえる条件であり、「パワーハウス」への素晴らしい報酬となる！　ということです。

さて、その、「いい気分」で眠るために最も肝心なことは、「いい気分」で眠るのを邪魔するものを、ベッドに持ち込まないということです。

邪魔するものの代表は、嫉妬《しっと》や怒りなどのネガティブな感情の嵐や、心配事、悩み、不安、恐れなどです。

ベッドに入る直前や、ベッドに入ったとたん、日中あった出来事の何かを思い出して、気にしたり、泣いたり、怒ったりして、感情を乱さないでください。

また、これから寝ようかというタイミングでわざわざ不安なことにフォーカスしたり、心配ごとについて考え始めたり、くよくよしたり、怖いことを想像して怯えたりしないでください。

心配事、悩み、不安、恐れは、ベッドに入る前に解消するか、もし、そうできなかったとしても、「ベッドに入るときだけは、嫌なことは考えない！」と決めて、気持ちを切り替えましょう！

疲れがある場合も、「いい気分」で眠れないもの。できれば、早めにお風呂をすませ、体があたたかいうちにベッドへどうぞ。すると、自然に体を休めるモードに入れ、すんなり眠れます。

眠る前に見ているテレビにも注意！　たとえば、何気なく見ているテレビで、事件や事故などの怖いニュースを聞くと、無意識のうちにその恐怖を取り込んでしまいます。すると、寝つきが悪くなったり、悪夢をみたり、目覚めが悪かったりします。

また、寝る直前ギリギリまでパソコン作業をするのも避けたいもの。目がやられたり、頭が痛くなったり、神経がビリビリしたりするからです。

とにかく、今日一日、何があったにせよ、とにかく、ベッドに入ったら、良かったことや、うれしかったこと、楽しかったこと、幸せなこと、夢や希望に満ちることに、思いをはせましょう。

もし、「今日、一日、なにもいいことなどなかった」という場合には、過去の過去のことなど、なんでもひっぱり出してきて、「いい気分」になってください。

「いい気分」で眠りにつくと、「パワーハウス」の活躍を助けるだけでなく、あなたの「睡眠の質」も良くなり、おまけに、「翌日の運気」をも守れることになります！

寝る前の15分で「奇跡の素」をこしらえる♪

睡眠前のうとうとした状態は、「パワーハウス」の門が最も大きく開くとき！ そのとき、オススメしたいのは、15分読書です！

ベッドの横にはスタンドを置いておき、寝る前に読みたいという本を、何冊か、枕元に置いておくといいでしょう。

その際、読みたいのは、あなたの心を癒《いや》したり、励ましたり、勇気づけるような、明るい気分になれるもの、希望の湧くもの、密かにわくわくするもの！

ちなみに、枕元に置いた数冊の本は、ぜんぶ読むわけではありません。また、なにも1ページ目から読む必要もありません。

そのとき気になったものに自由に手を伸ばし、ぺらぺらと気ままにめくり、好きなページやわくわくする言葉のあるところを、読むだけでいいのです♪

寝る前の読書をオススメする理由は、読んでいる間、日中あったいやなことや、心配や悩みを、自然と忘れられるからです。

しかも、脳は同時に二つのことを考えられないようになっています。あなたが良い本に心躍《おど》らせているとき、一日のいやなことは〝なかったこと〟にさえ、なるわけです！　その、眠る前の、ポジティブなムードは、あなたを心地良いエネルギーで満たします！

そのエネルギーとともに、眠る前の15分で、「奇跡の素」をつくるのです！

ちなみに、眠る前のまどろみ状態のときに、本の中にある良い言葉を「ポジティブな自己宣言」として読んだり、唱《とな》えたりすると、それはそのまま効き目を発揮し、唱えた言葉にふさわしい現実をもたらしてくれます！

アイデア・閃《ひらめ》き・直感・予感・衝動は、こうしてやってくる!

あなたにほしいもの、叶えたいこと、なりたい状態があり、そのことをイメージや象徴や現物などを「見る」ことを通して、エネルギーを「パワーハウス」に送るとき、「パワーハウス」からなにかと応答が返ってくるようになります。

その応答は、あなたの心の声や、なにかしらのアイデアや閃《ひらめ》き、予感、直感、なにかをしたほうがいいとかしないほうがいいとかいう衝動として、あなたの心の中にやってきます。

そのとき、あなたがそれを〝わからない〟ということはありません。というのも、そこには、〝それに応じたほうがいい〟という圧倒的な感覚や、それに乗るのがいいという良い予感、それを無視することはできないような感覚、そうせずにはいられない衝動があり、それゆえ、自然に、対応してしまうからです。

それは、たいがい、あなたがリラックスしているときや、ボーッとしているとき、なんの前後の脈略もないときにやってくることが多いものです。

しかし、だからといって、それは、〝突拍子もないこと〟を伝えてくるのではありません。

「パワーハウス」からの回答は、いつも、〝日頃のあなたの心の中の問いかけ〟に応じて、やってきます！

たとえば、あなたが「○○を叶えるために、まず何からすべきだろう？」「いつ、誰に連絡したらいいのか？」「これは、どうするのがいいだろう？」「どうしたら、○○できるのか？」と心の中で問いかけておくと、「パワーハウス」は、なんらかの方向性への「導き」や「答え」や「アイデア」を示してくれ、そこから結果へとあなたをいざなってくれるのです。

「パワーハウス」からの「応答」を、無視しないでください

何かしらのアイデアや閃き、直感や予感、衝動的な感覚がやってきて、何かをしたほうがいいとか、しないほうがいいと感じたとき、それでも、あなたは、それに対して、〝それは、単に自分がそう思いたがっているだけの、自分の考え〟なのか、〝本当にパワーハウスからやってきた答え〟なのか、「わからなかったらどうしよう」と、思うかもしれませんね。しかし、あなたはそれを間違うことは、ありません！

というのも、それが、「パワーハウス」からの「応答」である場合、あなたはいちいち、「これは私の考えか？　はたまた、パワーハウスからの答えか？」などとは、理屈っぽくは考えないからです。ごたごた考えること自体、それは、「パワーハウス」からのものではありません。

「パワーハウス」からの「応答」には、あなたが間違えないくらい、はっきりとした“乗っていい”という確信的感覚があります！

頭で「これはどうなのか」と、議論を挟《はさ》む余地がないほど、クリアでストレート！自然にあなたを突き動かす力があるものです！

ちなみに、もし、「パワーハウス」の「応答」としてやってきている心の声や何かしらのアイデア、閃き、予感、直感、衝動を無視するならば、むしろ、あなた自身、“それに応じるまで”落ち着かなくなるものです。あるいは、無視したあと、後味が悪いというか、後悔にも似た気持ちが残るものです。

そして、もちろん、そこで物事は途絶え、そのあと何も起こりません。起こるべきこととして用意されていたものを、自分で捨てたことになるからです。

それゆえ、**「パワーハウス」からの「応答」に、“素直に従って動く”ということも、習慣にしておいてほしいものです。それは、「生もの」であり、手早く保護し、すぐに料理しないと、腐ってしまうからです。**

"まるで無関係"のようでいて、あとあとすべては関係してくる!

「パワーハウス」から、何らかの「回答」がやってきたとき、すぐに、手厚く保護してください。「あっ、浮かんだけど、まぁ、あとでいいか」などと言って、それを無視して他のことをしていると、アウトです!

あとで思い出そうとしても思い出せないことになり、せっかくのチャンスとそこからの物事の良い流れを失うことになります。

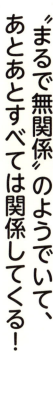

その「回答」は、**一見、自分のほしいものや、叶えたいことや、なりたい姿とは、なんら関係のないもののように思えることもあるものです。**

いや、たいがいは、それがどうして自分の望むものとつながることになるのかなど、考えも及ばない、実際、関係ないものとして、扱うことが多いものです。

あるとき、私は、本以外の自分の活動について、次に何をすればいいのか、「パワーハウス」に教えてほしいと頼んでいました。肝心なことは、いつも「パワーハウス」に預けるのが私の習慣だからです。

制限と限界のある人間の小さな頭で何かを考えるより、無限の回答を持つ「パワーハウス」に聞いたほうが、よりシンプルで大きな成果を与えてくれる結果にもなるということを、知っていたからです。

そして、「次の活動について、教えてね♪」と、パワーハウスに投げかけたあと、それを忘れていました。そんなある日、ブランディングを得意とするある会社の社長さんに会いに行く道中で、突然、ふと、「ナミマガジン」という言葉が、私の中にとび込んできたのです。

それがやってきたとき、「はっ？　いまの言葉の意味は何？」と、まったく意味がわかりませんでした。しかし、私は、それを書き留めなくてはならないという圧倒的予感がしたので、すぐさまその場で、その言葉を道で書き留めたのです。

そして、その社長に会って、話していると、社長が突然こんなことを言ってきたのです。

「実は、まえまえから、僕は、佳川さんの新たな活動をサポートしたいと思っていまして、なにか佳川さんの考え方や成功の秘訣を聴けるトークCDなどがあればなあと考えているのですが……。いったい、どういうものにするのがベストなのか、もし何かいいアイデアがあれば、お聞かせいただきたいのです」

そのとき、とっさに、心は、「あの言葉を言え！」と、伝えてきたのです。

それで、「さっき、歩いていたら、〝ナミマガジン〟という言葉がふってきたのですが、それを今回の企画にあてはめてはどうでしょうか？　たとえば、聴くマガジンとか、そんなのがあったら、おもしろいかもしれません♪」と、言ってみたのです。

すると、社長は「それはいい！」と、おおよろこび！

すぐさま、それはトークCDとして発売され、爆発的に売れたのです。しかも、最後のナンバーは、大好きなニューヨークでの収録となり、大感動♪

ちなみに、そのトークCDの収録がスタートすると決まったときから、私は秘かに、ラストは、「ニューヨーク収録!」とイメージし、わくわくしていたのですが、結局、それもごく自然な流れで、ニューヨーク公演に行った際に、叶ったのです!

そればかりでなく、そのCDを聴いたという関係各社から、講演会やセミナー、ラジオ出演、雑誌の取材などのオファーまでもが殺到し、その影響か、ファン会員も一気に何十万人にも増えたのです!

覚えておきたいことは、「パワーハウス」があなたに、無関係で、無駄なことを、よこすわけがない! ということです。よこすからには、あらゆる角度からみて、最良最高のものになっているものです♪

最初、たったひとつの心の声、閃き、予感、直感、なにかしらの衝動として起こったものが、思いもよらぬ人物の登場や介入、ベストなタイミングとなって、〝できすぎた〟ありがたい出来事と展開になっていきます。

それは、やがて、一つひとつの点が線になるかのようにつながっていき、突如、なんらかの意味あるひとつの場面が現れ、これまでの集大成のような形になり、願ったり叶ったりの状況で望んでいたものが叶うのです！

何かを望み、「パワーハウス」を刺激し、その応答としてやってきた心の声、閃き、予感、直感、なにかしらの衝動に乗っていく習慣を持っていれば、幸運の女神がささやくことになります！

いつ、どこにいても、手に取るべき情報や、とるべき行動、経験すべき出来事の中を正しく歩め、取りこぼすことはなく、うれしい結果を手に取れるのです♪

朝食は、ゆっくり時間をかけなさい

あなたの心と運気とエネルギーと、「パワーハウス」の状態を良好な形で整える超シンプルな方法があります。

それは、〝朝食は、時間をかけてゆっくりとる〟ということです。しかし、そのとき、なにも、たくさんの料理を食べる必要はありません。

あわてたり、あせったりすると、あなたの心と一日のリズムと運気を乱し、「パワーハウス」を混乱させるもとです。

とにかく、時間を気にしたり、自分を慌てさせたりしないよう、ゆっくり椅子に腰かけ、いい音楽など聴きながら、自分をくつろがせ、朝食をどうぞ♪

そうすることで、その日の自分の心身のコンディションや、物事のリズム、場面展開や流れや、人とのかかわり方を、より良いものにできます！ なにより、自分の新たな一日を、「余裕」でスタートできます。

この、「余裕」こそが、「豊かさ」と「幸せ」と「奇跡」の素！

朝から持つリラックスムードと、大きな余裕が、「パワーハウス」からの応答（つまり、閃き・予感・直感・何かしらのアイデア）を受け取りやすくしてくれ、必要なものを効果的に惹き寄せます！

ちなみに、この、ゆっくり朝食をとる習慣を続けると、「勘のいい人」「閃きの冴《さ》える人」「ふとしたアイデアで、成功してしまう人」「タイミングのいい人」になり、シンクロニシティ（共時現象・心の中で思っていたことが現象化しやすい人）、セレンディピティ（思いもよらぬ幸運の偶然）が、起こりやすいものです♪

そもそも、「パワーハウス」の応答は、いつも、リラックスした、余裕のある状態に、もたらされるものだからです！

今日、出かける前に、決めておきたいこと

「パワーハウス」の惹き寄せるものを、すべてハッピーなものにするためにも、毎日、出かける前に、決めておきたいことがあります。それは、「今日もいい日になる！」というつもりでいることです！

「今日、一日、何が起きようと起きまいと、すべては最善であり、必然であり、最高最良のことなのだ！」と思って、過ごすのです。

ここでお約束しておきましょう！　そうやって家を出る日は、「どう転んでも、うまくいく♪」のだと！

まちがっても、朝から、雑誌の占いやテレビの占いで、「アン・ラッキーデー」になっているとか、「今日は、失敗するかも。気をつけて！」などと、いったい今日ど

んなことが起こるのだろうかというような怖い予言めいたようなものを読んで、気を落とさないように！

気を落とすというのは、とても怖いこと！　本当に自分の気＝エネルギーや、運気を落とすものとなるからです。

どうせ占いをみるのなら、良いところをうまく取り入れ、自分のパワーにするつもりで、活用しましょう。あなたの一日をどうするかは、あなたが決めるのです！　朝は、気分からアゲアゲの、イケイケで、いきたいところです♪

いつでも、「今日もいい日になる！」と、それを自分の毎日に贈る「幸運予告」としてください。

しかも、「パワーハウス」自体、「幸運予告」が大好物♪　予告を上回る形で、幸運を倍加して現実にする力を持っており、それを得意としています！

Chapter

5

すべてが思い通り！
スーパーポジティブの効用

望むあれこれがオートマチックに叶う☆
そんな、うまくいく人になる！

夢を「いびつ」にしない！

ほしいもの、叶えたいこと、なりたい状態があるなら、ストレートにそのまま望んでください。決して、自分にどこか無理があると教えこもうとして、別の形にしたり、ごまかしながら望まないでください。

というのも、それは、一見、謙虚に見えて、たちが悪いものだからです。

自分や望みをごまかしながらみつめようとすると、その夢はたいがい、出来上がっていく途中でも、結果としても、〝いびつなもの〟になります。

たとえば、「ああ、年収1億円ほしい！　しかし、そんなことを望んだところで、夢のまた夢に違いない……。ああ、それなら、せめて、1000万円でいいです！」

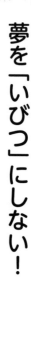

とか、「本当は作家になりたい。けど、厳しいというのなら、せめて、小さな出版社でもいいので就職させてください。もう、編集者でもいいです！　いや、出版社の庶務でもいいです！」とか。「本当はプロのピアニストになりたいけど、無理でしょうから、ピアノの弾ける楽器店に就職できますように！」「歌手になりたいけど、あきらめて、ママさんコーラスの一員になれますように！」とか。「本当は結婚して家庭に入り、幸せな奥さんになりたいけど……彼氏もできないというのなら、もう、しかたないのでキャリアを積む道に行きます」などと、〝本当の夢〟を、自分に捨てさせて、小さなところや渋々のところに行こうとしたり、まったく別のものになろうとして、〝ごまかす〟のは、一番よくないことです。

本当は、「○○になりたいけど、しかたないから、△△になることにするわ」などと、あなたの制限と限界に満ちた解釈で、夢をねじまげて、いびつにすると、やがて、あなた自身やあなたの人生までもが、ゆがみ、「こんなはずじゃなかった！」と、悔やむことになりかねないからです。

いいですか！　「パワーハウス」をみくびらないでくださいよ。

「パワーハウス」は、あなたのせつなる〝本当の夢〟なら、どんなに大きなことでも、どんなに稀《まれ》なことでも、どんなに前例のないことでも、どんなに人が〝まさか！〟と疑うようなすごいことでも、叶えられる「最強の力」を持っているのです！

しかも、現状がどうであれ、それまでの人生を魅力的にくつがえすほどのことまで、やってのけるのです！

ですから、本当に叶ったらうれしく、幸せな、あなたの一番の、キラキラ輝く夢を願ってください。本当に現実になったら、感動と幸せでうれし涙があふれるという、大満足の夢を持ってください。

「なんでも叶えてあげるよ♪」といってくれている、太っ腹な「パワーハウス」に、〝全幅の信頼〟を寄せて、今世最大級の夢をみつめ、叶えてください！

「うそ」「ジョーク」「ごまかし」は通用しないと、心得る

「パワーハウス」には、いったん受け付けたことは、どんなことでも、〝強制的に〟叶えてしまうという、特徴があります。

しかも、「うそ」や「ジョーク」や「ごまかし」は通用しません。

あなたがちょっとした〝いじけ心〟で自己卑下《ひげ》したり、機嫌の悪さからついよくないことを言ったり、落ち込んでつい〝怖い想像〟や〝変な思い込み〟に浸《ひた》ったとしても、それをまに受け、叶えてしまったりします。

また、思うようにならないからといって、あてつけがましく「パワーハウス」に、「どうせ私は、助けてもらえないんですよね」「もう、いいです」などと、言ったりし

ようものなら、それも、そうなりかねないところがあります。

それゆえ、叶ってしまったら困るようなことを考えたり、口にしたり、「うそ」や「ジョーク」や「ごまかし」をもって、何かを願うことなど、絶対にしないでください。

たとえば、「神様、この夢を叶えてくれるなら、死んでもいいです！」なんてことは、口にするべきではありません。「成功させてくれるなら、彼女と別れてでも、がんばります！」というのも、ダメですよ。

だいいち、そういう、「〇〇してくれたら、◇◇でもいいです」と、「パワーハウス」に交換条件を出しつつ何かを願うというのは、最も悪い願い方であり、とても失礼なことです。

というのも、「パワーハウス」は、とてつもない力を持っており、広大無辺な力を持っており、愛と慈悲にあふれる存在であり、あなたの差し出す〝おかしな貢物〟や〝チンケな交換条件〟など、ほしいとは思っていません。

それゆえ、果たせそうもないうその交換条件や、いただけないジョーク、自分や何かをごまかしながらの望み方など、必要ないのです。

あなたの使う言葉を「叶う言葉」に正しなさい

ほしいもの、叶えたいこと、なりたい状態を、しっかり現実にするためにも、あなたの使う言葉を、「叶うにふさわしい言葉」に正してください。

たとえば、「恋人がほしいです！」ではなく、「私は恋人をつくります！」。また、「お金持ちになりたいです！」ではなく、「私はお金持ちになります！」と、やるわけです。

望みを口にするとき、決して、「～になりますように！」とは、言わないでください。かわりに、「～になります！」「～です！」と言い切ります。また、ほしいものがあるときも、「～がほしいです！」ではなく、「それを持ちます！」「それを得ます！」

「それが、あります！」「それは私のものです！」と言うのです。

あなたの言いきりが、「パワーハウス」の魔法を、強力に発揮させるものとなります！

そのとき、〝すでにそうなっている〟〝得ている〟という、うれしい気分や満足感、ほっとする感覚も、しっかり味わってください。

たとえ、結果はまだそこになかったとしても、言い切る言葉や味わう気分には、いま、ふれることができます！　そうやって、いまふれたものを、そのあと、あなたは実際に受け取ることになるのです♪

先に、あなたが差し出す言葉や気分や感情や感覚が、結果に対して支払うべき「対価」となります。それは、あなたがファストフード店で、先にコーヒー代を支払い、続いてコーヒーを受け取るのと、同じです。

差し出す対価なしに、手に入るものは何ひとつありません。「パワーハウス」との関係も、然《しか》りです！

「コマンディング」で、直通エレベーターに乗る♪

前項では、〝あなたの使う言葉を「叶う言葉」に正しなさい〟と、お伝えしました。が、ここでは、さらに、超シンプルかつ効果的な「上級編」とも言える、とっておきの方法をご紹介しましょう！

それは、たったひとつの短い「単語」で、「パワーハウス」に、ほしいもの、叶えたいこと、なりたい状態を伝え、持ってこさせるというものです！

そのやり方は、ズバリ、「コマンディング」です！

つまり、あなたのほしいものを、「お金！」「恋人！」「豪邸！」「宝石！」「外車」「キーマン」「社長！」「1億円！」などと、たった一つの言葉にし、「パワーハウス」

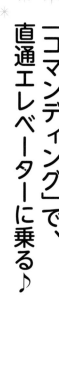

に〝命令する〟ということです。

「お金！　お金！　お金！」とか、「恋人！　恋人！　恋人！」「一億円！　一億円！　一億円！」というように、何度か連呼することが重要です！

すると、そのとき、ハイパワー&ハイスピードを持つ魔法が発生し、「パワーハウス」は、まるで、直通エレベーターに乗せてきたかのように、ノンストップで、短時間で、超高速で、あなたのために急いで、「宇宙の倉庫」からそれを配達してくれるのです。

実際、宇宙は、広大無辺な無限の倉庫であり、あなたのほしいもの、叶えたいこと、なりたい状態が、なんでもそろった「夢のデパート」のようなもの！

そこには、すでに、あらゆるものが何でもすべてそろっており、人は、それを〝命令する〟ことで、かんたんに引き出せるのです♪

さて、内緒にしていましたが、実は、「パワーハウス」には、あなたの言うことなら、なんでも聞き入れる執事がいるのです！　それも、「Ｙｅｓ」しか言わない。

あなたの要望なら、どんなことでも、「はい、ご主人さま。おやすい御用です♪」と、すべてに応える、素晴らしい執事が！

しかも、その執事は、24時間利用可能なルームサービスのように、いつでも動いてくれます。


言うまでもなく、執事は、あなたのために存在しています！　しかし、あなたが命令しなければ、自ら勝手に動きだして、ごそごそするということはないのです。

それは、ただ、いつでもあなたに何かを頼まれれば、よろこんで動けるようにと、「パワーハウス」の中で、静かにスタンバイしているだけです。


ですから、遠慮なく、堂々と、正しく、伝えなさい、「命令」して！

あなたのほしいものを「パワーハウス」の執事に♪

超ミラクル現象を呼び込む〝秘密の法則〟を使う☆

あなたと、「パワーハウス」の執事が、仲良くなると、あなたと執事は、なんでも、みなまで言わずとも、わかりあえる、〝ツーカーの仲〟になります。

つまり、お互いなにかと深いところで理解しあえ、一緒にいるだけで、気持ちや望みが手にとるようにわかるような存在になるわけです。

実際、その執事は、あなたが生まれたときから、すでにあなたの大切なパートナーとして、あなたの中の魔法の館「パワーハウス」の中におりました。これまで、ずっと一緒におり、かたときも離れることなく、あなたのそばに寄り添っていたのです。

そして、なんでも、うなずき、聞いており、あなたのすべてを理解していました。

が、あなたは、今日の今日まで、そのような素晴らしい執事が、自分の所有する「パワーハウス」の中にいるなどとは、夢にも思っておらず、そして、その執事が〝命令〟すれば、なんでも望みを叶えてくれる存在だとは、まったく知らずにいたのです。

それゆえ、「あれを持ってきて！」「これがほしいわ！」「こうしてちょうだい！」などと、あなたは、要望を命令することもなかったわけです。

しかし！ 前項でお伝えしました通り、「コマンディング」＝命令すれば、「パワーハウス」から、直通エレベーターで、望むものが届くわけですから、今日から、ぜひ、試してほしいわけです。

が、ここでは、命令より、さらにかんたんな方法をご紹介しましょう♪

それは、**あなたの望むことのすべてを、単なる一文字や、アルファベットなどにし、言い放つというものです！**

あなたの望みが、「好きな仕事をして、世に出て、成功して、お金持ちになって、素敵なパートナーと豪邸に住んで幸せに暮らし、愛車はベンツにする！」だとします。

しかし、もはや、そんな長いセリフは必要なく、ひとことで命令すればいいわけですが、それを、もっと短くし、単にキーとなる一文字にするのです！

そう、たとえば、集約した内容を示すベンツを「べ」という言葉にし、それを「べ、べ、べ！」と言い放つことで、命令に変えるだけでも効果的だということです！

そのとき、その「べ」は、意味のない、ただのカタカタ一文字ではありません。


あなたの望みのすべてが集約された〝濃厚なエッセンスの一滴〟であり、大いなる意味を持つ「シークレット・コード」＝暗号のような作用をします！


そのとき、執事にはその意味が素早く理解され、「パワーハウス」内では、急ピッチで具現化の準備がなされます！

すると、続いて、あなたのほしがる最終物を惹き寄せるための出来事が日常に起こりはじめ、その過程で、他に並べ立てた望みのすべてが叶うチャンスや出来事、人やお金までもが、勝手に叶えられ、その流れと余力の勢いで、ある日、突然、最終物のベンツが、ポンッと目の前に現われるのです！

また、**ときには、途中経過に並べているこちらのどちらでもいい望みを、省いたほうが手っ取り早いというときには、執事は、最終結果だけを「パワーハウス」から、持ってきます。**

たとえば、以前、私は、ある俳優さんに会いたくてしかたなく、しかし、それなのに、その俳優さんとお近づきになれるきっかけもなく、どうしたものかと、こう願っていたことがあります。

「あと3キロ痩せて、きれいになったら、いろんなパーティーにも積極的に出向き、芸能関係者とも仲良くなり、大好きな俳優のMさんに会い、友達になる♪」と。そして、その願いを「M」とし、「M、M、M！」と言い放ち、命令にしていたのです。

すると、ある日、知人の経営者の方から連絡があり、「仲間が集まるのだけれど、よかったら、なみさんも来ませんか？」と誘われたのです。行ってみると、なんと、そこに、その俳優Mさんが、いるではありませんか！

もちろん、その知人には、Mさんが好きだと話したこともありません！

しかし、執事は、ちゃんと「パワーハウス」にこもって、私のためにしっかり、仕事をしていてくれたのです♪　3キロやせるだの、パーティーに行くだのという、まどろっこしいことなど、すべて省きながら！

あなたもやってみてください、自分なりの一文字で「シークレット・コード」＝暗号として！

ダイヤモンドがほしいなら「ダ」、お金がほしいなら「円」でもいいでしょう！

きっと、おもしろいことが起こるはずです。

ここでのことは、絶対に誰にもしゃべってはいけません

あなたが「パワーハウス」に伝えた、ほしいもの、叶えたいこと、なりたい状態については、決して、むやみに他の人にぺらぺらしゃべってはいけません。

そんなことをしようものなら、あなたの中から、〝あるもの〟が漏《も》れることになります。そのあるものとは、叶えるために必要な「成就のエネルギー」です!!

他人に何でもかんでもおしゃべりしてしまうと、口を開くたびに、エネルギーが漏れ、あなたはもう、〝気がすんだ〟状態になってしまうものです。心の中で密かにあたためていたものを口外してしまうだけで、人はその熱量を下げ、テンションダウンするのです。

すると、なぜか、気がぬけ、それまでの情熱さえ、どこかにいってしまいます。

そのとき、「パワーハウス」からも、しゅるしゅるとしぼむ風船のようにエネルギーが漏れており、せっかく拡大させ、確実なものにしようとしていた成就のパワーを失うことになります。

また他人に話すことで、「魔」が入りやすいものです。まわりの人が皆、あなたの夢を「そう、素敵ね」と言ってくれたり、「応援」してくれたりするとは限りません。嫉妬されたり、足をひっぱられたり、邪魔されることも、なきにしもあらず、です。そういった、余計な心配や、やっかいなものを引きつけないためにも、黙っていてください。

あなたの内側に秘めたものは、いつも勝手に拡大する性質があり、爆発的なパワーを持ちます。そして、表に出る際にその威力を示し、スピーディに、勢いよくドカンと大きな形で、秘めていた夢を叶えることになるのです♪

あら不思議☆このエナジー食で弱った潜在意識も完全復活!!

あなたの中の「パワーハウス」は、あなたが弱ると、同じように弱るもの。

それゆえ、精神的にはもちろんのこと、肉体的にも、魂的にも、あなたにはいつも元気でいてほしいものです！

とはいうものの、毎日生きていれば何かといろんなことがあり、時には、問題や悩みを抱えたり、何か気がかりなことがあったり、よく眠れなかったり、しっかり休息を取れてなかったりするようなことが続くこともあるものです。

そういったとき、人は、ネガティブな思考回路にはまりやすくなり、体力や気力、運や、「パワーハウス」の力をダウンさせがちです。

落ち込みや、不安、恐れ、運の悪さを感じ、自分を見失いがちになったときには、素早くエネルギー補給し、本来の自分のパワーを取り戻すことが大切！

心と体をたちまち元気にするための手っ取り早い方法は、良いものを食べることです。そのために摂りたいのが、ここでご紹介するの「エナジー食」です！

これを朝一番に摂取すると、丹田《たんでん》に気が養われ、心身のバランスが整い、みるみるパワーアップし、運までよくなります♪

ちなみに、「パワーハウス」という〝潜在意識〟の領域は、内臓の働きやお腹（丹田）と、密接なつながりを持っています。

おなかが元気だと、「パワーハウス」も元気で、あなたの望みをしっかり受けとめ、任務を果たしやすくなります！

《このエナジー食で弱った潜在意識も完全復活!!》

用意するものは、「黒ゴマ」「金ゴマ」「氷砂糖」「粗塩」「ミネラルウォーター」です。では、食べ方を説明しましょう！

その1☆『ゴマを食べる』

大さじの中に、黒ゴマ8・金ゴマ2程度の割合で乗せ、それを、口に入れ、ゆっくりかみしめながら、少しずつ食べます。ゴマはすっていない、粒のままのものを使用します。

その2☆『氷砂糖をなめる』

ゴマを食べたら一口水を飲み、続けて、氷砂糖の小さなかけら（だいたい、小指の第一関節分の半分くらいの大きさのもの）をなめます。急いで食べようとしても、氷砂糖は固いので、噛《か》むのも大変。ゆっくりなめて溶かします。

その3☆『粗塩をなめる』

氷砂糖が口の中から消えたら、粗塩を、〝ひとさし指〟の指先にぎゅっと押し付けた程度の量（ほんとうに少しでいい）をなめます。

その4☆『ミネラルウォーターを飲む』

最後に、コップ1杯のミネラルウォーターを飲みます！　これで、完了♪

この不思議なエナジー食を最低でも1週間～10日間、試してみてください。パワーを強化したい人は、30日間試してみてください。

たったこれだけで、みるみる不安や恐れが消え、心がおだやかに安定し、気力に満ち、自分らしさを取り戻せるのを感じられるでしょう！

同時に、運もよくなり、「いいこと」がちょこちょこ起こりはじめます！　これこそが、「パワーハウス」のエネルギーが高まった証拠です！

この〝幸運の前兆〟を見たら、しめたもの☆絶好調で、望みが叶う♪

「パワーハウス」が、あなたのほしいものや、叶えたいこと、なりたい状態のために、本格的に動きだすと、「それをいま叶えているよ♪　ちょっと待っていてね！」と告げるかのような、〝幸運の前兆〟ともなる現象を、日常に送り込んでくることがあります！

そのとき、さまざまな自然現象的なサインや、不思議なものたちが、目の前に現われ、あなたを精神的に癒し、励まし、鼓舞し、サポートし、「うれしいメッセージ」を伝えてくれているものです！

その〝幸運の前兆〟は、次のようなものです♪

あなたの日常にそれらがやってきたとき、引き続き、なにかしら意味のある出来事や、良いことが起こります！　シンクロニシティや幸運の流れが生じ、人生がダイナミックに展開し、みごとに望みが叶えられていくものです！

《あなたに届く〝幸運の前兆〟と〝吉兆メッセージ〟》

☆ぞろ目のナンバープレート

車やバスに乗っているときや、道を歩いているとき、何気なく、ふと、目の前を見ると、「777」「888」などのぞろ目のナンバープレートの車が止まっており、それを見るということが立て続けに起こる。

◎メッセージは、

「あなたのかかわることは、ラッキーな展開になりますよ♪」

「あなたの願望成就を、宇宙がサポートしていいます！」

「ここから運気上昇！　さらに飛躍成功していくよ！」

「あなたのその感覚は正解！　なにもかもが順調に進み、すべてがうまくいく♪」

「そうそう、お金が必要でしたね！　それは、思ったより、大きな形で受け取れることになります！」

「やりたかったことに着手できるよう、楽しんでプランしてください」

☆黄色い蝶々

窓や庭やバルコニーに、突然、「黄色い蝶々」が現われ、ひらひらと舞い、ついてくる。そのとき、なんともいえない気持ちのいいエネルギーをふわっとかけてくれたかと思うと、そのあと、突如、どこかに消える。

◎メッセージは、

「どうか、不安にならないでね。聖なる存在があなたのゴールまでの道を先導していますから！」

「まもなく吉報が届きます♪　すべてのことが報われます！」

「不思議、かつ、神秘的なやり方で、それを叶えてみせましょう！　先に、自分自身やまわりに、感謝の言葉を放ってください」

☆てんとう虫

どこから入ってきたのか、なぜか突然、家の中の照明器具のところや、部屋の壁、テーブルの上に、てんとう虫が現れる！　また、洋服の袖のところについている！

◎メッセージは、

「ぜんぶ、こちら（宇宙）で、やりますから、安心してください」

「まかせてください。うまくやります。リラックスしていてください」

「それは必ず、叶えられるよう、あなたを守ります！」

☆コガネムシ

家の玄関前や、マンションの廊下、自宅の門を出て通る最初の道などの、とてもわかりやすく、パッと目に着く場所にコガネムシがいる。

とにかく、ある一定期間、こちらの行く場所、行く場所に現れ、何日もその姿を見せようとする。が、こちらが意味を悟ったとたん、突然、姿を消す！

◎メッセージは、

「あなたの人生に奇跡を起こす準備がなされており、それを伝えに来ました」

「われわれ守り神がついていますので、何も怖いものはありません。」

「めそめそしないでください。思うままに、あなたらしく、進んでください」

「復活と祝福のときが来ました！ お祝いの席は、すでに設けられています！」

「あなたに生命力を与えに来ました。大いなる大自然のパワーを！」

「ここらで自分をしっかり取り戻し、パワーアップし、一気に昇りましょう！」

☆龍や鳳凰《ほうおう》、ハート型など、意味ある形をした雲

何気なく、空を見たときに、偶然にも、龍や鳳凰の形に見える雲や、ハート型の雲を発見する！ それを見たとき、すごいエネルギーを感じる。

◎メッセージは、

「龍」や「鳳凰」の場合は、

「あなたの波動が高まっています！ さらに高みに昇れます！」

「天が、成功の後押しをしてくれます！」

「神様のご加護があります！　道はひらけ、素晴らしい世界が現れます！」

「あなたの力を惜しまず発揮し、自信を持って進みなさい！」

「ハート型」の場合は、

「悩んでいた問題と日々は、まもなくすべて解決します！」

「あなたが心でわかっていることは、すべて正解です！　それに従いなさい」

「内側の声（ハイアーセルフの声）に耳を傾け、自分を救える人でいてください」

「直感通りです、その勘はみごとです！」

「ようやく、平和でおだやかで満ち足りた人生が訪れます！　ここからは、安泰です♪」

☆縦になった虹、または、二重にかかる虹

ふと、何気なく、見上げた空や、車に乗っているときのフロントガラス越しに、虹が見える！　空に縦にかかる虹や、二重にかかる虹は、奇跡の顕現のサイン！

◎メッセージは、

「思いもよらぬ幸運の偶然〝セレンディピティ〟を、ここからどんどん、あなたの日常にお贈りします！　意外な人との出逢いや、知らなかった情報、浮かびもしなかった素敵な仕事が、あなたを一気に引き上げ、成功させます！」

「数々の幸運が、舞い込む暗示です！　期待しながら、進んでください」

「宇宙は、あなたを、スターにします！」

さて、このような、〝幸運の前兆〟が目の前に現れたなら、しばし、ピュアな気持ちで、それを見てください。あなたが見ているのは、たんなる偶然の出来事ではなく、まさに、それは、これから起こることになる〝幸せな奇跡〟そのものだから！

途中経過もなんのその「スーパーポジティブ」でいく☆！

さて、ここで、お伝えしておかなくてはならない大切なことが、あと、ひとつあります。

それは、あなたの中のなんでも叶える潜在意識＝魔法の館「パワーハウス」は、広大無辺な土地を有する建物で、人生のあらゆる領域の、どんな分野にも対応できる、必要関係各所を有していますが、そのお部屋は、壁もふすまも垣根もなく、「ワンルーム」です！

すべては、ひとつに、つながっているということです！

つまり、それは、何を意味するのかというと、あなたの中に抱えているすべての思考やイメージや感情や感覚や、そこから発生するエネルギー、かもしだす波動のすべては、それが、恋愛のことであれ、仕事のことであれ、人間関係のことであれ、お金のことであれ、その他のことであれ、とにかく、何もかもが、いいも悪いも、何らかの形で、ぜんぶ、互いに影響しあっているということです。

たとえば、あなたが、恋愛がうまくいっているとします。けれども、いま仕事で悩み、落ち込み、毎日暗い気分でいて、「最悪だぁ～」などと、その気分に引きずられていると、やがて、恋愛や何か他のことにも、その悪影響は及びかねないということです。

逆に、恋愛がうまくいっていて、それをとてもよろこんでいると、おもしろくなかった仕事も、なんだかそんなこと気にならなくなるものです。

恋愛で得た〝幸せ気分〟に満たされていると、その良い影響が仕事や他のことにも及び、とたんに、なにもかも、うまくいきはじめるということがあるわけです。

それゆえ、ここで、何を言いたいのかというと、自分の人生で、〝うまくいっていない領域〟をみつけたら、その程度の軽いうちに、なんとかしておきたいということです。なにせ、「パワーハウス」は、「ワンルーム」ですからねぇ～。

人は、幸せなことより、いやなことや、つらいことに、影響されやすいものです。それゆえ、そういったことを増やさない、拡大させない、そのまま悪化したまま放置しないということが、なにより大切なのです。

とはいうものの、なにかがうまくいっていないとわかったとしても、すぐさま、それを良い状態にするには時間もかかり、その間、気持ちもやられがちになるものです。

そのとき、役に立つのが、〝ポジティブ〟な物の考え方でいることです！

それを可能にする言葉は、
「どんまい、どんまい！」「まっ、どうにかなるでしょ♪」「大丈夫！」です！

実際、なにかつらいことがあったとき、困ったときに、その言葉を一度、口にしてみてください。なぜか、どこからともなく力が湧いてくるのを感じられるはずです。
それは、その言葉が、それまでのネガティブな思考回路を一瞬で遮断《しゃだん》し、遮断すると同時に、流れを好転させるからです！

そのとき、あなたは、うまくいっていないことを毛嫌いするのではなく、それは単なる一過性の問題で、自分が進まなくてはならない先はまだあり、落ち込んでいる場合ではない！　と、わかります。

実際、うまくいっていないすべてのことが、たんなる途中経過なだけであり、その時点で、気づくべきことや、改善すべきこと、修正すべきことや、学ぶべきことを教えてくれているだけです。
ちなみに、それに気づくと、その現象は、役目を果たしたことになり、もう、消えてしまうわけですが。

とにかく、**そんなふうに物事を〝ポジティブ〟にとらえることができると、あなたに余裕が生まれ、その余裕を、「パワーハウス」は受け取り、うまくいっていない領域を癒すエネルギーとして使えるのです！**

さて、ほしいもの、叶えたいこと、なりたい状態になる途中経過では、もしかしたら、あなたはなにかと心配したり、ちょっとのことであきらめかけたり、もう叶わないのではないかと、気に病むかもしれません。

しかし、その途中経過から、物事を完全におじゃんにしてしまうか、うまくいくよう軌道に乗せられるかは、あなたの心的態度にかかっています！

それゆえ、「どんまい、どんまい！」「まっ、どうにかなるでしょ」「大丈夫！」という言葉とともに、〝ポジティブ〟に乗り切ってください。

また、途中経過で、何かが停滞したり、キャンセルになったり、おじゃんになったりすることがあったとしても、それさえも、おもしろがってください。

「さて、ここから、どんな方法で、パワーハウスは、私の物事の流れを挽回させ、叶えてくれるのかな♪」と。

そして、「途中経過はどうであれ、どのみち、すべては叶うのだから、流れを見守ろう！」「その話が壊れたということは、そもそも、それは私に必要なかったこと。かわりに、もっといいものが私のところに来ることになっているのかもしれない♪」と、いいように、とってください。実際、そういうことです！

一見、イヤなこと、つらいこと、悲しいことに思えるようなことにも、そういうふうに悟れるとき、あなたは〝ポジティブ〟を超えた、〝スーパーポジティブ〟な人でいられます！　そのとき、「パワーハウス」の魔法力も、超スーパーポジティブに働きます！

感謝をこめた「あとがき」

未来には、現れたがっている奇跡が満ちあふれている♪

――ほしいもの、叶えたいこと、なりたい状態は、魂の望みもあった

あなたに、ほしいもの、叶えたいこと、なりたい姿があり、それが叶うことを願い、夢みることは、ごく自然なことです。

また、それを通して、自分自身が成長し、魂が磨かれ、高められ、この人生がより幸せに豊かになったりもするものです。

人が、なにかしらの夢や願いを持つのは、そこに向かうのが楽しく、うれしいからであり、それを叶えて生きることが幸せだとわかっているからです。

そうなったあかつきには、どんな感動的な人生がそこにあるのかを、先に、ちゃん

と「見る」ことができるからです！

その願いや夢は、本当の自分でいられる最良の道であったり、魂を癒すものであったり、大きなミッションであったりします。

また、その、あなたが望む叶えたいことは、神様の望むことであり、神様があなたを通して叶えたいことでもあります。

それゆえ、夢や願いを持つだけで、人は、大きなパワーに満ちるものです！　生き甲斐というものに、出逢えるものです！　そこに、あらゆる「希望」を見いだせるものです！

「希望」は、いつも、足元を照らす光そのものです！　道を示し、行く先を明るくし、そこにある可能性と新たな世界を、はっきりと示してくれます！

それがあるからこそ、生きていけるということも、人にはあるものです！

だからこそ、「願い」や「夢」があるのなら、それを素直に、大切にしてほしいのです。ちゃんと心の中で見えている、幸せな未来へとたどり着くためにも。

さて、願いや夢を持つ人の中には、それを早く叶えたいと、急ぎ過ぎる人もいるものです。しかし、あせる必要はありません。そもそも、それは、早く叶えばいいというものではないからです。

それは、ただ、〝本当に叶う日〟がくればいいだけです！

そのためには、あせったり、やきもきしたりせず、かんたんにあきらめたり捨てたりせず、楽しんでそれに関わり、それがいま自分にあることをよろこび、ただ、一緒に道を歩くだけでいいのです。

「私の夢さん、願いさん、そばにいてくれてありがとう。あなたとともにいると、今日も元気でいられ、幸せでいられます♪」と、感謝して。

2018年　10月

ミラクルハッピー　佳川　奈未

★☆　佳川奈未　最新著作一覧　☆★

＊『「いいこと」ばかりが起こりだす　スピリチュアル・ゾーン』	青春出版社
＊『「約束」された運命が動きだす　スピリチュアル・ミッション』	青春出版社
＊『大自然に習う古くて新しい生き方　人生の教訓』	青春出版社
＊『ほとんど翌日、願いが叶う　シフトの法則』	青春出版社
＊『ほとんど毎日、運がよくなる　勝負メシ』	青春出版社
＊『「未来想定」でみるみる願いが叶う』	PHP 研究所
＊『あなたの中のなんでも叶える“魔法の力”』	PHP 研究所
＊『「強運な女」の心の持ち方』	PHP 研究所
＊『望みのすべてを必然的に惹き寄せる方法』	PHP 研究所
＊『効果的にお金を惹き寄せる魔法のルール』	PHP 研究所
＊『「運命の人」は探すのをやめると現れる』	PHP 研究所
＊『恋愛革命』	PHP 研究所
＊『運のいい人がやっている「気持ちの整理術」』	講談社
＊『どんなときもうまくいく人の“言葉の力”☆』	講談社
＊『怒るのをやめると奇跡が起こる♪』	講談社
＊『あなたに奇跡が起こる！心のそうじ術』	講談社
＊『「結果」は、自然に現れる！』	講談社
＊『幸運予告』(初めての語りおろし特別 CD 付／約 40 分収録)	マガジンハウス
＊『幸運 Gift ☆』《エイベックス歌手デビュー CD 付》	マガジンハウス
＊『富裕の法則』竹田和平＆佳川奈未　共著	マガジンハウス
＊『成功チャンネル』	マガジンハウス
＊『金運革命』	WAVE出版
＊『願いが叶うスピリチュアルシークレット』	ヒカルランド
＊『「宇宙銀行」から、好きなだけ♪お金を引き出す方法』	ヒカルランド
＊『あなたの中の「叶える力」を 200％引き出す方法』	フォレスト出版
＊『マーフィー　奇跡を引き寄せる魔法の言葉』	日本文芸社
＊『宇宙は、「現象」を通してあなたに語る』	ビジネス社
＊『働かない働き方』☆好きなことして、楽しくリッチになる方法	トランスワールドジャパン

※その他の著作、電子書籍、POD 書籍については、佳川奈未公式 HP へ！
http://miracle-happy.com/

著者紹介

佳川奈未　作家。作詞家。神戸生まれ。世代を超えた多くの女性たちから圧倒的な人気と支持を得ているベストセラー作家。生き方・願望実現・夢・お金・恋愛・成功・幸運をテーマにした著書は累計５００万部にものぼり、海外でも多数翻訳されている。また、精神世界にも精通しており、スピリチュアルな世界を実生活に役立つ形で展開。潜在意識や願望実現等の講座やセミナーは、海外からの受講生も多い。レイキヒーラー、エネルギーワーカーとして定期的に開催の「メンタルブロック解消」「チャネリング」の個人セッションには、医師やカウンセラー、芸能人や著名人も訪れる。

公式 HP　http://miracle-happy.com/

すべてを手《て》に入《い》れる 最強《さいきょう》の惹《ひ》き寄《よ》せ
「パワーハウス」の法則《ほうそく》

2018年10月20日　第１刷

著　　者　佳《よし》川《かわ》奈《な》未《み》
発 行 者　小澤源太郎

責任編集　株式会社 プライム涌光
電話　編集部　03(3203)2850

発 行 所　株式会社 青春出版社
東京都新宿区若松町12番１号 〒162-0056
振替番号　00190-7-98602
電話　営業部　03(3207)1916

印　刷　共同印刷　　製　本　大口製本

万一、落丁、乱丁がありました節は、お取りかえします。

ISBN978-4-413-23104-6 C0095

お願い
ページわりの関係からここでは一部の既刊本しか掲載してありません。
折り込みの出版案内もご参考にご覧ください。

思い通りの人生を手に入れる！ 佳川奈未の好評既刊

「いいこと」ばかりが起こりだす
スピリチュアル・ゾーン
それは、すべてが自動的に起こる領域
ISBN978-4-413-03993-2
本体1,400円

約束された運命が動きだす
スピリチュアル・ミッション
あなたが使命を思い出すとき、すべての可能性の扉が開く
ISBN978-4-413-23006-3
本体1,400円

大自然に習う古くて新しい生き方
人生の教訓
ISBN978-4-413-23026-1
本体1,400円

ほとんど翌日、願いが叶う！
シフトの法則
望む現実に移行する魔法バイブル
ISBN978-4-413-23043-8
本体1,380円

恋愛・お金・成功…願いが叶う☆魔法のごはん
ほとんど毎日、運がよくなる！ 勝負メシ
ISBN978-4-413-23060-5
本体1,380円

※上記は本体価格です。（消費税が別途加算されます）
※書名コード（ISBN）は、書店へのご注文にご利用ください。書店にない場合、電話またはFax（書名・冊数・氏名・住所・電話番号を明記）でもご注文いただけます（代金引換宅急便）。商品到着時に定価＋手数料をお支払いください。〔直販係　電話03-3203-5121　Fax03-3207-0982〕
※青春出版社のホームページでも、オンラインで書籍をお買い求めいただけます。
ぜひご利用ください。〔http://www.seishun.co.jp/〕